Catalogo delle Lucerne di Tolemaide (Cirenaica)

Emanuela Fabbricotti

Missione Archeologica in Cirenaica
Università di Chieti

BAR International Series 962
2001

Published in 2019 by
BAR Publishing, Oxford

BAR International Series 962

Catalogo delle Lucerne di Tolemaide (Cirenaica)

© Emanuela Fabbricotti and the Publisher 2001

ISBN 9781841711829 paperback
ISBN 9781407353128 e-book

DOI https://doi.org/10.30861/9781841711829

A catalogue record for this book is available from the British Library

This book is available at www.barpublishing.com

BAR Publishing is the trading name of British Archaeological Reports (Oxford) Ltd.
British Archaeological Reports was first incorporated in 1974 to publish the BAR
Series, International and British. In 1992 Hadrian Books Ltd became part of the BAR
group. This volume was originally published by John and Erica Hedges in conjunction
with British Archaeological Reports (Oxford) Ltd / Hadrian Books Ltd, the Series
principal publisher, in 2001. This present volume is published by BAR Publishing,
2019.

BAR
PUBLISHING

BAR titles are available from:

　　　　BAR Publishing
　　　　122 Banbury Rd, Oxford, OX2 7BP, UK
EMAIL　info@barpublishing.com
PHONE　+44 (0)1865 310431
　FAX　+44 (0)1865 316916
　　　　www.barpublishing.com

INDICE

ABSTRACT. *The study of the lamps at Tolmeita (Cyrenaica) started nearly twenty years ago and the photographs taken at that time were not supposed to be published, but only snap-photos to be used for our record cards. But the Museum at Tolmeita has been visited since by thieves and the director, our friend Abdussalam Bazama, in accordance with the Department of Antiquities at Shahat (Cyrene) decided to keep some sculptures in the Museum and send some of the most important statues to Cyrene and to lock the doors and the windows of the storeroom with the minor objects. So at the moment the lamps are no more visible. It was not possible to take better photographs, nor to draw some important details such as profiles or signatures.*

The lamps are 212: some of them, found near El Merj (Barce) are earlier than the city of Tolmeita itself. A large group of the late Hellenistic period was locally made and has many comparisons with lamps from Sidi Krebish published by D.M.Bailey. On the whole the people from Tolmeita shared the same preference for lamps with the people from Benghazi and probably also the same workshops. In roman times many lamps were imported from Italy, others from Asia Minor, Crete, Cnidus, Athens and Corinth and some of them were then copied.

Many examples belong to the period of the Dux at Tolmeita. They are related to the Tripolitan type of the same period but were made locally with different details. The last lamps are Byzantine or Arabic.

1

Introduzione

Sono passati tanti anni da quando ho fotografato e schedato le lucerne esistenti a Tolemaide. Le foto e le schede dovevano servirmi da traccia per poi studiare i vari esemplari a Roma e, finito lo studio, sarei dovuta tornare a Tolemaide per rifotografare le lucerne per la pubblicazione.

Circostanze avverse non mi hanno permesso di tornare in Cirenaica prima del 1997 (cioè per quasi dieci anni, se non per due brevissimi soggiorni nel 1989 e 1990) e a quel momento, le lucerne di Tolemaide non erano più visibili e tanto meno fotografabili. Dopo vari ripensamenti, ho deciso di pubblicare lo stesso il lavoro fatto, anche se in alcuni casi è ovvia la mancata supervisione, ad es. dove mancano i calchi delle firme, dove le foto sono poco leggibili e scattate in modo sommario e dove sarebbe stato necessario eseguire disegni esplicativi.

Il Museo e i Magazzini di Tolemaide non molto tempo fa hanno subito un grave furto e il direttore e amico, sig. Abdussalam Bazama, d'accordo con la Soprintendenza della Cirenaica, dopo aver inviato a Cirene quelli che riteneva i pezzi più pregiati della collezione scultorea, ha lasciato in piedi il Museo con alcune statue e mosaici, e, per precauzione, ha raccolto tutti i frammenti minori scultorei, litici e ceramici in un magazzino murandone porte e finestre. Mancando inoltre l'inventario degli oggetti "in quarantena", non sappiamo se e quali lucerne esistano ancora.

Ritengo sia utile rendere noti gli esemplari che erano presenti a Tolemaide perché possono rispecchiare alcune abitudini, mode e tradizioni della città e perché la loro cronologia, pur non essendo la città completamente scavata, ci può indicare a larghe linee i periodi di massima concentrazione. Inoltre confermano in pieno le ipotesi di lavoro e le provenienze delle lucerne pubblicate da Sidi Krebish (Bengasi).

Per i confronti ho tenuto in particolare conto quelli di area geograficamente vicina e di preferenza quelli provenienti da scavi piuttosto che da collezioni. Nella successione cronologica ho seguito per gli esemplari greci la disposizione organizzata da Howland nel suo volume dell'Agorà di Atene[1], per l'attribuzione delle fabbriche gli eccellenti e recenti volumi di Donald Bailey sulle lucerne di Sidi Krebish[2] e su quelle conservate nel

---

[1] **R.H.Howland**, *The Athenian Agora IV, Greek Lamps and their survivals*, Princeton 1958.
[2] **D.M.Bailey**, *Excavations at Sidi Krebish, Bengasi (Berenice)* III,2. The lamps. LA Suppl.V 1985.

British Museum di Londra[3]. Alcuni esemplari e frammenti non determinanti perché incompleti sono stati inseriti dove suppongo debbano essere collocati, nell'attesa di conferma da parte di eventuali nuovi ritrovamenti.

Di quasi tutte le lucerne si ignora la provenienza; alcune furono rinvenute negli scavi della Roman Villa e del Public Building sommariamente pubblicate nel volume del Kraeling[4]. Le altre sono inedite. Alcuni esemplari risalgono a prima della fondazione storica della città, che, dovuta a sovrani lagidi (probabilmente all'Evergete e a Berenice) è da riferirsi al III sec.a.C. Sono i primi quattro del Catalogo (nn.1-4) e difatti provengono da Barce, città libica rifondata dai cirenei esuli con i fratelli di Arcesilao II nella prima metà del VI sec.a.C. Tolemaide nata forse come porto di Barce come già la più antica Teuchira, diverrà poi la città più importante, spodestando Barce che subirà un lento declino.

La proporzione delle lucerne eseguite *in loco* o in zona vicina varia secondo i periodi. E' nel momento della fondazione della città che si concentra un cospicuo gruppo di lucerne di fabbricazione locale; sono quegli esemplari, simili ad altri di Sidi Krebish, che si avvicinano al tipo Howland 25 con varianti (B Prime, e derivati o "parenti poveri" delle stesse forme), ai tipi Howland 32, 33, 34 anch'essi variamente modificati da una lavorazione *"in loco viciniore"*. Alle volte non è facile vedere la differenza tra i tipi Sidi Krebish I (b)2 e I (b)3 e sono pertanto stati schedati vicini. La datazione è spesso la stessa, perché i tipi si accavallano e convivono nel tempo.

Un ulteriore grande gruppo di lucerne locali è quello dell'ultimo periodo di vita della città, prima della conquista araba. La grande similitudine che i nostri esemplari hanno con alcuni di quelli Sidi Krebish non permette di far propendere per una lavorazione locale a Tolemaide piuttosto che a Bengasi, ma è molto probabile che l'officina, per così dire della Cirenaica meridionale, lavorasse per rifornire ambedue le città, che sono tra l'altro di fondazione contemporanea. Ho tenuto conto anche del volume manoscritto gentilmente donatomi dall'autore, in cui J.C.Thorn ha disegnato il materiale delle spedizioni di Rowe [5].

---

[3] **D.M.Bailey**, *A Catalogue of the lamps in the British Museum* I, London 1975; II, 1980; III, 1988; IV, 1996.

[4] **C.H.Kraeling**, *Ptolemais, city of the Libyan Pentapolis*, Chicago 1962, p.270. Di queste non sono state rinvenute le lucerne a tav.LXII D, nn.1, 2, 4 e 5; a tavv.LXII A, nn. 5 e 8; B, nn.1, 3 e 4.

[5] **J.Copland Thorn** , *Rowe's Cyrenaican Expedition*, manoscritto 1993.

Nel primo periodo di vita della città, le importazioni sono scarse o almeno poco testimoniate a Tolemaide, contrariamente a Sidi Krebisch [6] (dove il numero delle lucerne è infinitamente maggiore di quello di Tolemaide e quindi è forse più facile trovare i prototipi), e molte le imitazioni che continuano ad essere prodotte indipendentemente, con varianti rispetto al tipo originale, anche ben oltre il periodo di esecuzione e uso nel luogo di origine.

Un esemplare estremamente interessante è il n. 34 di provenienza sconosciuta per il quale non ho trovato confronti, del quale non ho più trovato il disegno della firma, ma solo la sua trascrizione. Una certa vicinanza di stile si ritrova in alcune lucerne del Mediterraneo Orientale (Cipro, Antiochia), ma per la forma non ho paragoni precisi.

La n.75 con beccucci opposti non si ritrova per ora in Cirenaica, ma è ben documentata a Creta da dove proviene.

Per il frammento n.63 con rappresentazione di un tritone che tiene sollevata una lunga conchiglia non vi sono confronti.

In complesso, le lucerne di Tolemaide non presentano grosse novità: i tipi con disco decorato sono abbastanza comuni e in genere si trovano anche a Sidi Krebish

Il n.76 con testa di Iside in alto rilievo, essendo stato rinvenuto in scavi, anche se non sappiamo dove, dà la certezza della sua autenticità, cosa che era messa in dubbio nell'esemplare portato a confronto con testa di Igea, al Museo di Berlino [7].

Sette (i nn.57, 67, 68, 69, 78, 86 e uno non più rinvenuto, ma pubblicato dal Kraeling [8]) si riferiscono a scene gladiatorie e non vi è da stupirsi, data la presenza dell'anfiteatro nella città. Molti hanno poi comuni rappresentazioni di animali.

Una scena più complessa è quella del n.77 con vari confronti a Sidi Krebish [9], di fabbricazione locale, ma che risale probabilmente ad un protoipo pittorico forse mediato dalla Grecia. Orfeo, seduto di ¾ verso destra, con il volto di profilo e la testa coperta da un *pilos*, ha a sinistra un albero nodoso e probabilmente un cervo ed altri animali nella parte mancante, ma visibili nelle lucerne più complete [10]. Lo stesso cartone fu usato nell'ottagono centrale del mosaico di Trinquetaille [11], con un maggior numero di animali ai

---

[6] **D.Bailey**, *The lamps of Sidi Krebisch, Benghazi (Berenice): Imported and Local Products*, in Cyrenaica in Antiquity, BAR International Series 236, 1985, pp.195-196.

[7] **Heres** II, p.97, tav.68, n.694.

[8] **Kraeling** tav.LXII D.

[9] I nn.730, 927, 928 e 929.

[10] **Qedem**, p.40, n.158 e la stessa nostra al momento del rinvenumento in Kraeling tav.LXIIIA.

[11] **G.Guidi**, *Orfeo, Liber Pater e Oceano in mosaici della Tripolitania*, in Africa Italiana VI, 1935, p.121s, fig.13 articolo ignorato dal LIMC VII,1, che cita lo stesso mosaico al n.104.

lati e piccole diversità; in quello di Saint-Romain-en Gal [12]; molto probabilmente in quello "Montant" nel Museo di Lione[13] con la gamba destra di Orfeo in posizione diversa e un secondo albero sulla destra invece del cervo, nel medaglione musivo di un grande pavimento di Chebba (Tunisia)[14] e in vari altri con varianti. Orfeo può essere nudo, vestito o con la parte superiore del corpo nuda, rivolto a sinistra, a destra o frontale, con testa pileata o scoperta; il cervo che è a destra viene alle volte mal intrpretato e diventa un albero; il seggio è un masso o un vero e proprio sedile in muratura, ma queste varianti sono tutte interpretazioni personali dei copisti che si rifanno allo stesso cartone che subisce trasformazioni via via che passa di mano in mano.

Attiche sono le lucerne nn.1-4, forse 6 e 24, e poi anche le nn.94-95 di età romana. In età ellenistica lavorano alacremente uno o più *ateliers* locali. Nel I e II sec.d.C. alcuni esemplari sono molto vicini ad esemplari cretesi, cnidi e del Mediterraneo Orientale (nn.34, 35, 37, 45, 67-69, 75, 82 e 88); un gran numero è importato dall'Italia (nn.23,41,44,46,48-50,56(?),60,61,64) e una sola sembra egiziana (n.57) insieme a due tipi figurati di argilla certamente alessandrina (nn. 211 e 212). Come a Sidi Krebish stupisce non vedere influenza egiziana nelle lucerne di epoca tolemaica; evidentemente il gusto della popolazione cirenaica era dissimile da quello alessandrino contemporaneo, o era questa una scelta politica? (e lo stesso posso dire delle lucerne provenienti dallo scavo americano del santuario di Demetra a Uadi Belgadir che sto studiando per gentile concessione del Prof.Donald White). Nel I sec.a.C. varie lucerne sono importate o copiate da Creta: è il periodo in cui *Creta et Cyrenaica* costituiscono una provincia unitaria. Varie sono corinzie (nn.76, 85(?), 89) e molte sono le imitazioni.

La maggior parte di quelle di età primo-imperiale sono importate dall'Italia o copiate anche da matrici molto stanche (vedi i nn.72 e 73), specie quelle a volute e a becco tondo. Mancano per il momento le *Warzenlampen*, le *Vogelkopflampen* e le *Firmalampen*, tanto comuni altrove. Poche sono le firme ritrovate: ROMANESIS, φιλοχενου, .ιλο./.νου (?) (nn.34,45,85).

Nella seconda parte del II sec.d.C. e nel III sec.d.C. vi sono varie lucerne corinzie, ateniesi, cretesi o di imitazione, in particolare quelle con bordo decorato a foglie di vite (corinzie) e quelle con decorazione sulla

---

[12] LIMC VII,1, p.90,n.94 e II,p.67.
[13] Guidi cit. a nota 11, pp.132-134, fig.23.
[14] Guidi cit. a nota 11, pp.136-138, fig.27 e LIMC cit. a nota 11, p.91, n.99.

spalla a cuori stilizzati e bugne (cretesi). Nel IV sec.d.C. alcuni esemplari provengono dalla Grecia e dalla Tunisia (c.d.sigillata africana) e poi sono imitati localmente.

L'indicazione delle provenienze di fabbrica che ho ricordato è solo inerente agli esemplari certi; ve ne sono altre possibili, ma non sicure, che ho omesso per prudenza.

Circa una settantina, quindi il gruppo più numeroso, sono quelle derivate dalla c.d. serie tripolina (secondo lo Hayes), di fabbricazione locale cirenaica; si trovano sebbene in minor numero anche a Tocra, Sidi Krebish, Apollonia e sono databili dalla metà del VI sec.d.C. fino alla conquista araba in Cirenaica e fino all'età bizantina in Egitto. Dimostrano per la città di Tolemaide l'ultimo periodo di vita che è appunto quello del Palazzo del Dux. La loro somiglianza alle lucerne c.d.tripoline non è poi tanto marcata, ma solo una vicinanza di forma larga e espansa. Non hanno di quelle la raffinatezza di esecuzione, né la purezza dell'argilla, e anche le modeste decorazioni sono indice di una lavorazione in *ateliers* locali. Potrebbero però essere state influenzate dalle "tripoline", tanto più che esse sono presenti, sebbene in scarso numero, a Sidi Krebish.

I numeri di inventario, quando ci sono, sono erratici; alcuni si ripetono per vari esemplari, alcuni hanno almeno l'indicazione dell'anno, che però non documenta l'anno di ritrovamento, ma quello di schedatura. Questo significa che i gruppi sono casuali e anche se i singoli esemplari hanno lo stesso numero, non vuol dire che siano stati trovati insieme e nello stesso momento. Perciò al di là delle lucerne pubblicate nel volume del Kraeling[15], tutte le altre possono essere considerate sporadiche e anche quelle rinvenute nello scavo della Roman Villa sono pubblicate tra i "Minor Finds" insieme a quelle del "Public Building" e comunque non indicate secondo la successione stratigrafica dei ritrovamenti, ma "in generale"e quindi senza valore cronologico.

Vari esemplari furono trovati nel Palazzo delle Colonne e pubblicate dal Pesce[16]. Sono ora perduti, ma i due illustrati sono quasi integri, uno a becco tondo e volute e uno a becco triangolare e volute con scene erotiche[17], ambedue di I sec.d.C.

Una, attica, simile alla nostra n.4 è stata pubblicata da A.Bazama e M.Vickers insieme al corredo tombale di V sec.a.C. trovato nel territorio di

---

[15] cit. a nota 4.

[16] **G.Pesce**, *Il Palazzo delle Colonne in Tolemaide di Cirenaica*, Roma 1950, p.90, figg.105 e 106.

[17] Vedi per la prima **Menzel** p.43,n.216, fig.33,10 e **Deneauve** p.137, n.483, tav.L; per la seconda **Bailey** II, p.149, n.Q835, tav.7.

Barce e una volta esposto nel locale Museo[18]. Il tipo sarà molto amato in Cirenaica e diverrà comune. Nel Santuario di Demetra a Uadi Belgadir ce ne sono moltissimi esemplari probabilmente eseguiti o in un *atelier* locale, o nel Peloponneso, tanto che si è in dubbio sulla localizzazione della fabbrica o delle fabbriche[19]

Un esemplare che non ho fotografato né misurato è oggi nel Museo di Tolemaide. Ne ignoro la provenienza. E' di piccole dimensioni, di argilla nocciola non verniciata con disco decorato con un'anfora dalla quale partono rami fioriti[20].

Ci sono poi alcuni piccoli frammenti di spalla a ovuli (cinque a vernice rossa, tre a vernice nocciola e uno a vernice bruno scura) e due di beccucci (uno a vernice rossa e uno a vernice bruna) che non ho inserito nel catalogo, perché insignificanti

Per le lucerne con difficoltà di paragoni, ho indugiato maggiormente in dettagli di stile e di forma che li avvicinino ad altri esemplari; per le altre più comuni, non ho ritenuto necessario dilungarmi, specie se simili a quelle provenienti da Sidi Krebish, tranne in casi particolari, in cui proprio per la loro diffusione, ho pensato fosse appropriato dare quanti più confronti possibili.

Colgo l'occasione in tale sede per ringraziare la dott.ssa Vienna Tordone, tecnico fotografo del Dipartimento di Scienze dell'Antichità dell'Università di Chieti che, con molta pazienza, ha "migliorato" l'aspetto delle fotografie istantanee che non erano state certo scattate per la pubblicazione, ma solo per un primo studio, e ha preparato le tavole.

---

[18] **M.Vickers- A.Bazama**, *A fifth century b.C. tomb in Cyrenaica*, in LA VIII,1971, p.75, tav.XXXIXb.

[19] Vedi **D.M.Bailey**, *Aegina. Aphaia Tempel* XIV. The lamps, in AA 1991,1, pp.66-67.

[20] Come in **Bruneau** Delos, p.126, tav.29, n.4596 (firmata ROMANESIS); **Menzel,** p.43, fig.34,3, n.221; **Haken,** p.48, tav.III; n.42 e fig.8 per la firma *Romanesis;* **Heres** II, p.86, tav.59, n.556 e **Ponsich,** p.94, tav.XVI, n.187.

Catalogo

1) Inv.969/76/9. Tav.I
    Lungh.cm.9,4; larg.cm.8; alt.cm.2.
    Argilla rosa attica; vernice nera in due fasce concentriche sul bordo, sul beccuccio e all'interno.
    Restaurata da molti frammenti. Manca una piccola scheggia del bordo interno.
    Forma aperta, circolare, bassa con pareti arrotondate e bordi rientranti, eseguita al tornio.
    Beccuccio aggiunto a mano. Tubicino centrale. Senza ansa.
    Howland tipo 22 del secondo quarto del V sec. a.C. presente anche a Uadi Belgadir.

2) Non inv. Tav.I
    Lungh.cm.11; largh.cm.7,5; alt.cm.1,9/2,4
    Argilla rosa attica e vernice nera all'interno e nella parte superiore.
    Intera.
    Forma aperta circolare con fondo piatto e cerchio inciso, all'interno leggera protuberanzacentrale. Pareti ricurve verso l'interno. Ansa orizzontale a nastro. Beccuccio con grande foro ovale.
    Broneer tipo IV. **Howland** tipo 21 A. Presente anche a Uadi Belgadir e nella necropoli di Bengasi (**E.Ghislanzoni**, Notizie sulla Cirenaica, in *Notiziario.Archeologico delle Colonie* I, 1915, p.90, fig.10, n.9). Vedi anche **Thorn**, n.101, fig.33, n.385. Prime decadi del V sec. a.C.

3) Inv.951/71 /b- Tav.I
    Lungh.cm.10,5; largh.cm.6,9; alt.cm.l,9/2,4.
    Argilla rosa attica e vernice nera.
    Simile alla precedente.

4) Inv.940/77/b. Tav.I
    Lungh.cm.7,7; largh.cm.5,8; alt.cm.1,4.
    Argilla rosa attica e vernice nera.
    Manca l'ansa.
    Forma circolare con base evidenziata e pareti che si incurvano verso il centro. Beccuccio prominente e foro relativamente piccolo. Tardo esempio di **Howland** 21 C; **Broneer** tipo IV; **Bailey** I, p. 48. tav.12, n. Q 64 della fine V- primo quarto del IV sec.; **Tocra II** pp.96-97, nn.2419 e 2420 (di imitazione): Apollonia (LA.Suppl.IV, 1965-66, p.124, tav.XXIVa dalla tomba 8); **Thorn**, n.102, fig.10, n.142 forma III; simile all'esemplare trovato nella tomba con le anfore panatenaiche una volta nel Museo di Tolemaide (**M.Vickers-A.Bazama**, *A fifth century b.C. tomb in Cyrenaica*, in LA VIII,1971, p.75, tav.XXIXb). Presente anche a Uadi Belgadir.
    E' un tipo molto comune anche nel Peloponneso (Laconia, Egina e Argo) e imitato su larga scala in Cirenaica. Vedi **D.M.Bailey**, *Aegina, Aphaia tempel* XIV. *The lamps*, in AA 1991,1. pp.66-67 e per il confronto con il nostro esemplare p.43ss. e in particolare il n.71.

5) Inv.T 70-4-18. Tav.I
Lungh.cm.5,3; largh.cm.4; alt.cm.2,7.
Argilla nocciola.
Manca il beccuccio.
Corpo globulare allargato; senza ansa. Orecchietta applicata e non forata. Base molto spessa e rotta.
Derivato dal tipo **Howland** 25 B Prime (III quarto del IV fino al II quarto del III sec.a.C.).
Probabilmente locale perché ha la base spessa come gli esemplari più antichi del tipo, ma è di proporzione piccola come quelli più recenti. Inoltre l'orecchietta non è forata. Potrebbe trattarsi di una lucerna votiva su piedistallo.

6) Inv.996/72/b. Tav.I
Lungh.cm.7,5; largh.cm.7; alt.cm.4.
Argilla nocciola e vernice nera.
Manca gran parte del corpo e la parte terminale del beccuccio.
Corpo circolare schiacciato con bordo ribassato intorno al foro centrale circondato da un cerchio sovraddipinto in bianco. Labili tracce di sovraddipintura anche sulla spalla come in **Howland** n.412 (tipo *West Slope*). Piede rialzato e concavo. Beccuccio lungo.
Broneer tipo IX; **Howland** tipo 29 A dal IV quarto del IV sec.a.C. fino al secondo quarto del III sec.a.C. spesso con bordo riservato e non sovraddipinto.

7) Inv.107/4 /79/b. Tav.I
Lungh.cm.9; largh.cm.6,5; alt.cm.4.
Argilla rosa con incrostazioni marine.
Intera.
Forma globulare che fa corpo con il beccuccio. Orecchietta laterale non forata.
Profondo solco intorno al bordo che circonda il foro centrale. Piede piccolo piatto. Beccuccio largo, ad estremità dritta con largo foro.
Simile a **Sidi Krebisch** I (b)2, n.61 (p.14, tav.4) che il Bailey giudica come facente parte di un gruppo affine a **Howland** 25 B databile alla fine III- prima metà del II sec.a.C. e che ha bordo rilevato intorno al foro centrale. Esecuzione locale.

8) Inv.51/ 33 /69/b. Tav.I
Lungh.cm.8,5; largh.cm.8; alt.cm.3.
Argilla rosa nocciola.
Manca il beccuccio.
Corpo carenato a padella piatta. Senza ansa. Orecchietta laterale appena accennata e non forata. Piede ad anello convesso e cerchio inciso intorno al foro centrale.
Simile al precedente, con il bordo intorno distinto da un cerchio inciso e con il beccuccio che non fa corpo con la lucerna stessa, ma è più stretto all'attacco.
L'orecchietta semplificata e non funzionale è vicina agli esemplari di **Sidi Krebish** nn.72,74,78 e 79 che sono però imitazioni di copie rodie del tipo attico Howland 32. Questo particolare che genera confusione ci assicura della produzione locale.

9) Inv. 41/21/69/b. Tav.I
Lungh.cm.8; largh.cm.6; alt.cm.3,5.
Argilla nocciola.
Manca l'estremità del beccuccio.
Solco intorno al foro centrale. Orecchietta laterale non forata.
Piedino differenziato.
In mancanza del beccuccio può essere o un"parente povero" del tipo **Howland** 25 B (**Sidi Krebish** I (b)2) o un'imitazione di copie rodie del tipo **Howland** 32 (**Sidi Krebish** I (b)3, databili dopo la fondazione di Berenice fino all'inizio del I sec.a.C.).

10) Inv.656/716/72/b. Tav.I
Lungh.cons.cm.6,2; largh.cm.6; alt.cm.3,5.
Argilla nocciola.
Mancano frammenti intorno al foro centrale e dell'orecchietta laterale e il beccuccio. Fondo forato.
Simile al precedente, ma con corpo carenato. Piede ad alto anello svasato.
Vedi **Sidi Krebish** I (b)3.

11) Inv.766/72/b. Tav.I
Lungh.cons.cm.6; largh.cm.6; alt.cm.3.
Argilla nocciola con vernice scomparsa.
Manca parte del corpo e il beccuccio.
Corpo carenato ed angoloso. Piede piatto differenziato. Orecchietta a sinistra.
Simile al precedente.

12) Inv.716/72/996/b. Tav.I
Lungh.cons.cm.6,7; largh.cons.cm.6,5; alt.cons.cm.3.
Argilla nocciola.
Resta solo il fondo e parte della spalla.
Probabilmente simile al precedente.

13) Inv. 7I6/72/996/b. Tv.I
Lungh.cons.cm.7,5; largh.cm.7,5; alt.cm.3,5.
Argilla nocciola.
Manca parte del piede e il beccuccio.
Forma lenticolare con bordo concavo intorno al foro ribassato. Orecchietta laterale non forata.
Piede ad alto anello.
Simile ai precedenti (**Sidi Krebish** p.16, tav.4,n.73).

14) Inv.53 /7I/ b. Tav.I
Lungh.cm.8; largh.cm.7,5; alt.cm.3,6.
Argilla rosa-nocciola non verniciata, forse con leggera ingubbiatura.
Manca il beccuccio.
Corpo chiuso con profilo biconvesso e bordo degradante concavo delimitato da un'incisione.
Orecchietta laterale non forata. Largo piede differenziato.
Simile al tipo precedente (**Sidi Krebish** I (b)3, nn.72 e 78) dell'inizio del III sec.a.C..

15) Inv.104/4 /79/b. Tav.I
Lungh.cm.7,8; largh.cm.5,5; alt.cm.3,1.
Argilla rosa e leggera ingubbiatura.
Intera.
Corpo doppio convesso con piede leggermente svasato piatto. Orecchietta laterale non forata.
Senza ansa. Bordino degradante verso il foro centrale e con cerchi incisi prima
dell'abbassamento.
Simile al precedente.

16) Non inv. Tav.II
Lungh.cm.8,2; largh.cons.cm.6,5; alt.cm.2,7.
Argilla rosa mattone.
Manca gran parte del corpo, tanto da non poter esser certi della forma.
Forma biconvessa con piede piatto differenziato. Beccuccio prominente che si allarga
leggermente con grande foro.
Altri due frammenti simili nel Magazzino del Museo.

17) Inv.T 72-557.Tav.II
Lungh.cm.8; largh.cm.5,5; alt.cm.2,4.
Argilla rossa verniciata.
Intera.
Corpo carenato con bordo degradante concavo. Senza ansa. Orecchietta laterale non forata.
Piedino leggermente differenziato.
Imitazione locale del tipo attico **Howland** 32, con corpo carenato, più lungo beccuccio,
orecchietta laterale applicata. Ultimo quarto del III sec.a.C. e II sec.a.C.
Vedi **Sidi Krebish**, p.15, tavv.4-5, tipo I (b) 3, nn.71-82; **Thorn** (tomba 198), n.225, fig.28,
n.347.

18) Inv.T 75-21. Tav.II
Lungh.cm.7,2; largh.cm.5; alt.cm.3.
Argilla rosa nocciola.
Intera.
Come il precedente, con piede a basso anello e beccuccio più lungo.

19) Inv. T 550. Tav.II
Lungh.cons.cm.8; largh.cm.6,6; alt.cm.3,8.
Argilla rosa impura.
Manca la parte posteriore.
Simile al precedente, ma con beccuccio allungato e grande foro con bordo espanso.

20) Inv. T 72-514. Tav.II
Lungh.cm.7,3; largh.cm.5,8; alt.cm.5,4.
Argilla nocciola e vernice bruna scrostata.
Intera.
Pareti ricurve e depressione centrale con foro per l'olio circondato da un labile solco.
Orecchietta non forata. Base rialzata. Beccuccio medio con foro ovale.
Derivato dal tipo **Howland** 33 A dell'ultimo quarto del III sec. fino al III quarto del II sec.a.C., parente povero del tipo 32.
6 frammenti simili in Magazzino.

21) Non inv. Tav.II
Lungh.cm.7; largh.cm.6; alt.cm.2,8.
Argilla nocciola e vernice nera.
Manca ansa ad occhiello verticale e l'estremità del beccuccio.
Pareti curve e bordo ribassato leggermente concavo. Alta base concava non verniciata.
La presenza dell'ansa e la mancanza dell'orecchietta laterale avvicinano il ns. esemplare ai nn.436 e 442 dell'Agorà di Atene, ma nel caso ateniese il bordo occupa uno spazio maggiore, mentre nel ns. è ristretto intorno al foro.
Variante del tipo **Howland** 34 databile dal IV quarto del III al III quarto del II sec.a.C.; **Thorn**, n.110, fig.2, n.39.

22) Inv.716/72/b. Tav.II
Lungh.cm.8,2; largh.cm.6,5; alt.cm.3,2.
Argilla nocciola.
Manca la parte posteriore e parte del beccuccio.
Simile ai precedenti ma con piede svasato, beccuccio allargato e bordo ribassato piatto intorno al foro centrale.
Sono gli esempi più tardi del tipo **Sidi Krebisch** I (b) 3 che hanno beccuccio influenzato da lucerne cnidie del tipo **Howland** 40 A (II sec.a.C.).

23) Inv. T 72-553. Tav.II
Lungh.cons.cm.7,5; largh.cm.7; alt.cm.3,3.
Argilla grigia e vernice nera.
Manca l'ansa e il beccuccio.
Corpo largo con carena bassa, bordo rientrante intorno al foro centrale. Piede ad anello con base leggermente concava.
Vedi **Sidi Krebish** I (a) 7, p.10, tav.2, n.40, probabilmente importata dall'Italia. II sec.a.C.

24) Inv 716 /72/ 997. Tav.II

Lungh.cm.7,5; largh. circa cm.5; alt.cm.2,5.

Argilla rosa attica e vernice nera lucente e metallica anche all'interno.

Manca gran parte del corpo. Bordo leggermente concavo delimitato da un solco. Pareti con carena pronunciata. Piede piccolo svasato con fondo leggermente concavo. Beccuccio con estremità allargate e grande foro evidenziato da un solco intorno al beccuccio.

Modello eseguito a tornio forse da un prototipo metallico. Non sappiamo se avesse ansa o orecchietta laterale.

Tipo **Howland** 32, che fu poi copiato a **Sidi Krebish** (p.15s. tipo I (b) 3, tav.5, fig.2, n.77 di III-II sec.a.C.

25) Inv.51/7I/b

Lungh.cm.9; largh.cons.cm.6; alt.cm.3,5.

Argilla rosa-nocciola non verniciata.

Manca la parte superiore destra del corpo.

Forma carenata con orecchietta laterale. Piede cilindrico. Beccuccio che si allarga e grande foro. Pareti molto spesse.

Probabile povera derivazione di lucerne cnidie di tipo **Howland** 40 A come alcuni esemplari di **Sidi Krebisch** (p.19, I (b) 6, tav.5, nn.93-94) con alette sul beccuccio più pronunciate dell'inizio del I sec.a.C. eseguiti localmente.

26) Inv.54/22/69 /b. Tav.II

Lungh.cm.6,5; largh.cm.4,5; alt.cm.3.

Argilla rosa-nocciola.

Manca un frammento del beccuccio.

Corpo carenato. Bordo piatto ribassato intorno al foro centrale. Piede piatto. Beccuccio con alettoni molto prominenti.

Vedi **Sidi Krebish** p.19, I (b) 6 di esecuzione locale e **Kraeling** tav.LXIII B. Prima metà del I sec.a.C.

27) Inv.159/ 4/69/b. Tav.II

Lungh.cons.cm.5,5; largh.cm.5,5; alt.cm.2,1.

Argilla rosa bruciata.

Manca parte del beccuccio che si allarga alle estremità.

Parete carenata con spalla arrotondata. Senza ansa. Piede distinto quasi verticale.

Forma più tozza e corta delle precedenti, con beccuccio cortissimo.

28) Inv. 21/73 / 68 /b. Tav.II

Lungh.cm.6,5; largh.cm.5,5; alt.cm.3,

Argilla rosa.

Intera.

Simile al precedente. Piede non differenziato.

29) Inv.55/ 22 /69/b. Tav.II
Lungh.cm.6; largh.cm.5,1; alt.cm.2.
Argilla rosa nocciola.
Mancano frammenti del corpo e del beccuccio.
Simile al precedente. Beccuccio largo aperto.
Un altro frammento è nel Magazzino, con ansa verticale posteriore.

30) Inv.71-114. Tav.II
Lungh.cm.6,8; largh.cm.5,5; alt.cm.3.
Argilla impura giallo-nocciola con mica.
Intera.
Alto corpo carenato con largo bordo leggermente concavo intorno al foro centrale. Alto piede ad anello. Beccuccio corto con il foro che invade la spalla e aletta laterale.
Vedi **Bailey** I, p.182, tav.80, n.Q 427 anche per il tipo di argilla, sebbene la forma non sia proprio identica e il beccuccio si avvicini a quello del n.Q 428 (p.182, tav.80) e anche a quello degli esemplari precedenti (nn.27-29) ma con aletta laterale e bordo intorno al foro centrale piatto e non convesso.

31) Inv. 52/71/b. Tav.II
Lungh. circa cm.7,5; largh.cm.6; alt.cm.3.
Argilla bruciata, completamente carbonizzata.
Manca la parte superiore e parte del beccuccio.
Corpo carenato. Senza ansa. Piede distinto irregolare piatto. Beccuccio corto con alette. Fa certamente par te di uno dei gruppi precedenti, anche se le dimensioni sono maggiori, ma la mancanza della parte superiore non permette alcuna attribuzione.

32) Non inv. Tav.II
Lungh.cm.8,7; largh.cm.6,5; alt.cm.3,7.
Argilla nocciola bruciata.
Intera.
Corpo globulare con piccolo bordo rialzato intorno al foro centrale. Senza ansa e con piccola orecchietta laterale. Piede differenziato. Beccuccio di media lunghezza e largo che si espande all'estremità e grande foro ovale.
Broneer tipo XIV; **Howland** tipo 39 (specie n.515), ma non verniciato come il tipo 39 *Prime*. Fine II e I sec.a.C.

33) Inv. PR 67-6-30. Tav.III
Lungh.cons.cm.6; largh.cm.6; alt.cm.3/4.
Argilla rosa nocciola mattone. Bruciata.
Manca la parte anteriore e il beccuccio.
Pareti arrotondate con triplo cerchio inciso sulla spalla e disco liscio intorno al foro centrale. Piede piatto non distinto. Ansa larga a nastro verticale.
In mancanza di gran parte del corpo e soprattutto del beccuccio , è difficile stabilire confronti. Non lontano da **Deneauve** (bilicne) p.159, tav.LXV, n.646 di I sec.a.C.

34) Non inv. Tav.III

Lungh.cons.cm.9; largh.cm.7; alt.cm.3,2.

Argilla nocciola verniciata e bruciata.

Manca la parte posteriore e gran parte del lato sinistro.

Spalla appena spiovente con ai lati indicazione sommaria di prese laterali ondulate.

Disco molto ribassato, incorniciato da tre cerchi incisi e decorato con fitti petali intorno al foro centrale anch'esso incorniciato da tre cerchi incisi.Volute appena accennate alla fine della spalla ma non vicino al foro del beccuccio che è largo e circondato da ampia cornice bombata. Tra le c.d. volute una palmetta stilizzata. Sul fondo la firma sconosciuta: φιλο/χενου

Abbastanza vicina a **Oziol**, Salamina n.510, p.168, tav.27, di I sec.a.C.-I sec.d.C.; **Tarsus** nn.134 e 136; **Waagé**, Antioch III, p.64, nn.93-94, tipo 38a.

La vicinanza dei confronti addotti sta nell'eleganza delle forme, la presenza di impercettibili prese sulle spalle, la forte concavità del disco con foro circondato da due bordini e la minuta segnalazione dei petali. Il beccuccio è diverso e anche la spalla che nel nostro esemplare è molto più grande, mentre negli altri è quasi inesistente.

I confronti (relativi) sono secondo la Oziol fabbricati nel Mediterraneo Orientale, ma anche qualche lucerna di Creta si può avvicinare per l'esecuzione al nostro esemplare, soprattutto per il contrasto tra la forma elegante e accurata del corpo e il grande beccuccio prominente e tozzo con volute terminanti a bottone sulla spalla e con tra le volute due rametti stilizzati con in cima due cerchietti incisi (vedi **Catling** Knossos, p.266, tavv.228 e 250, n.88; p.273, tavv.232 e 255, n.208 di II –III sec.d.C.).

Kraeling p.270, tav.XIIIa.

35) Inv.516/72/b. Tav.III

Lungh. cons. cm.12,3; largh.cm.8,5; alt.cm.6,3 (con ansa).

Argilla nocciola e vernice rossa bruciata.

Mancano i beccucci e la parte inferiore del corpo.

Bilicne con spalle decorate a trattini che separano elementi floreali (*ivy-leaf*) e quattro bugne. Disco concavo striato. Ansa a nastro verticale scanalata.

Fa parte del c.d. tipo efesino (**Walters** p.46ss.) con corpo biconico. Vedi **Menzel** p.19, fig.12,2; **Waagé** Antioch III, p.61, fig.76, n.64; **Tarsus** p.91s, gruppo VI; **I.A.Sakellarakis**, Chronika in ADelt XX, 1965, p.562, tav.708δ; **K.A.Wardle**, Two notes from Knossos, in ABSA 67, 1972, p.276, n.6, tav-52 e fig.3; p.278, n.102, fig.5; **Coldstream** Knossos, p.51, tav.30, n.37. **Catling** Knossos p.266ss. nn.81-251 (dal I al III sec.d.C.). Secondo Catling le bilicni sono di II sec.d.C. e comunque di produzione cretese.

36) Non inv. Tav.III

Lungh.cons.cm.3,4; largh.cm.3,3.

Argilla nocciola e vernice rossa iridescente.

Frammento di beccuccio a volute e foglie tra le volute.

Anche a Sidi Krebish vi è un frammento (p.22, tav.6, n.111, tipo I(b) 9). Prima metà del I sec.d.C. Di probabile importazione cretese vedi **Coldstream** Knossos, p.50, tav.30, n.37.

37) Inv.996/716/72/b. Tav.III
Lungh.cm.9,8; largh. beccuccio cm.4,1.
Argilla nocciola e vernice bruna.
Resta solo il beccuccio a volute con una palmetta terminante in due cerchietti e il canale.
Forse appartenente ad una bilicne di grandi dimensioni.
Vedi **Sidi Krebisch** p.5, tav.1, n.17 di età giulio-claudia e di importazione cretese; **Coldstream** Knossos, .p.51, tav.30, n.39. Due esemplari frammentari si trovano anche a Uadi Belgadir.

38) Inv.224 PT. Tav.III
Largh.cm.4,5.
Argilla camoscio chiaro e vernice bruno scuro.
Spalla smussata e disco circondato da cornice larga e bombata e due cerchi concentrici incisi.
Nel disco quadriga verso destra.
Vedi **Bailey** II, p.160, tav.10, nn.859-860 di I sec.d.C. (a volute con becco tondo); **Bailey** III, p.334, tav.74, n.2663 da Cnido firmate Romanesis (90-100 d.C.); **Menzel** p.58, fig.27,8, n.328; **Meligunis Lipara** II p.339, n.27, tav.229, 15, con firma CCLO in *planta pedis*; **C.Skinkel Taupin**, Lampes en terrecuite de la Mediterannèe grecque et romaine, Bruxelles 1980, p.10, n.25; **M.Sapelli,** Lucerne fittili delle civiche raccolte archeologiche (Milano), Notizie dal chiostro del monastero maggiore, suppl.II, 1979, p.65, tav.XII, n.12139).

39) Non inv. Tav. III
Lungh.cm.8,2; diam. base cm.4,2; alt.cm.3
Argilla rosa e vernice evanida.
Manca il beccuccio, un frammento del corpo e il beccuccio.
Probabile imitazione di modello bronzeo. Pareti curve e piccola base in confronto all'ampia parte superiore. Ansa ad occhiello verticale striata. Disco leggermente ribassato con cornici concentriche rilevate. Inizio volute sulla spalla. Base piatta distinta da cerchio inciso.
Uguale a **Bailey** VA, p.68, tav.X, n.234 (BMC III, p.336, tav.75, n.2681) da Cnido con *planta pedis* sotto ed argilla diversa, ma non al confronto ivi stabilito con Waldhauer p.42, tav.XXV, n.236, se mai a Perlzweig p.78, tav.3, n.73 che ha volute sporgenti ed è verniciata, ma appartiene allo stesso gusto "metallico" ed è datata alla prima metà del I sec.d.C.

40) Non inv. Tav. III
Cm.5,6 x 3,2.
Argilla nocciola e vernice bruna.
Resta parte del disco, della spalla e del beccuccio.
Piccola spalla arrotondata con attacco del beccuccio a volute. Disco ribassato circondato da due solchi discendenti, in cui si vede una gamba destra coperta.
Il canale largo farebbe pensare ad un becco triangolare ancora della prima parte del I sec.d.C.: la rappresentazione non dà certezza in confronti, ma solo possibili ipotesi, come ad es. una Diana (vedi **Deneauve**, p.108, tav.XXXV, n.284) o un pugile (**Meligunis Lipara** II, p.338, n.11, tav.228,5) o Atteone (**Bailey** VA p.31, nn.30-31, tav.IV e **Bailey** II p.134, n.Q 771, tav.2), ma qualsiasi attribuzione sarebbe azzardata.

41) Inv.T 71-54. Tav.III
Lungh.cons.cm.8,6; largh.cm.6,2.
Argilla nocciola e vernice rossa.
Manca il fondo, il beccuccio e parte del corpo.
Piccola spalla liscia e disco ribassato circondato da tre solchi concentrici. Senza ansa. Volute iniziali. Nel disco maschera bacchica e cratere, che, data la posizione delle volute, si sarebbe vista in orizzontale (!).
Vedi **Sidi Krebish** p.40, fig.5, n. 243 (II e III quarto del I sec.d.C.) e **Heres** II, p.26, tav.11, n.72 con la maschera nella stessa posizione orizzontale. In **Deneauve** p.152, tav.LXI. n.597, la maschera è insieme ad un'altra in una lucerna a volute semplici. Importazione dall'Italia.

42) Inv.316/72/b. Tav.III
1)   Lungh.cm.7,3; largh.cm.3,3.
2)   Lungh.cm.4,8; largh.cm.4,2
Argilla rosa nocciola e vernice rossa.
Restano due frammenti di spalla e parte del disco.
Ampio disco circondato da tre cerchi concentrici e all'interno capricorno.
Vedi **Sidi Krebish** p.48 fig.6, nn.317 e 318. Importazioni da Roma: II e III quarto del I sec.d.C.

43) Inv.316/72. Tav.III
Cm.6,2 x 4,4.
Argilla nocciola e vernice bruna evanida.
Resta la parte superiore sinistra.
Breve spalla arrotondata e tre cornici incise intorno al disco. Decorazione probabile di lotta di galli.
Vedi **Ponsich**, p.87, tav.X, n.103; **Williams**, Kenchreai I, p.22, tav.5, n.103 di importazione italiana del II e III quarto del I sec.d.C.

44) Inv.T 57-8. Tav.III
Cm. 5 x 5,4.
Argilla rosa e vernice rossa.
Resta parte del disco e della spalla con tre cornici concentriche.
Nel disco leone che si avventa verso destra.
La stessa decorazione (non proveniente dalla stessa matrice) si trova sia in lucerne con becco triangolare (**Deneauve**, p.116, tav.XXXIX, n.340; **K.Goethert Polaschek**, Trier, p.38, tav.38, n.92; **Gualandi Genito** Bologna, p.100, tav.29, n.186; **A.Leibundgut**, Die roemischen Lampen in der Schweiz, Bern 1977, n.312) che a volute con punta tonda (**Hellmann** II, p.28, tav.X, n.93 e p.39, tav.XV, n.137; **Oziol,** p.136, tav.20, n.374) che con becco corto e rotondo (**Brants** tav.V, n.554).
Simile disco è anche in: **Ponsich** p.85, tav.IX, n.84; **Heres** II, p.67, tav.43, n.387, ma con ovuli sulla spalla e in Loeschcke p.401, tav.XII, n.491.; **Balestrazzi De Filippo**, Aquileia II, p.170, tav.38, n.230. Non avendo la certezza della forma del nostro esemplare, la datazione va dalla metà alla fine del I sec.d.C.

45) Inv.T 57 B. Tav.III
Lungh.cons.cm.8,7; largh. cons. cm.8; alt.cm.7,3.
Argilla nocciola e vernice bruno chiara.
Manca la parte posteriore.
Spalla con bordo esterno smussato decorata con corona di foglie di quercia. Nel disco fiore a quattro petali bilobati cuoriformi. Beccuccio rotondo tipo **Loeschcke** VIII. Base piatta con cerchio inciso, firma ROMANESIS e piccolo cerchietto.
Sembra la stessa matrice di **Bailey VA**, p.71s., tav.XI, n.253 (**Bailey** III, p.356, tav.92, n.Q2900) e **Bailey** III, *ibidem*, n.Q 2899 eseguita a Cnido della seconda metà del I sec.d.C. con ulteriore bibliografia e **Bruneau**, Delos, p. 130, tav.30, n.4629; **Balestrazzi Di Filippo**, Aquileia II, 1988, p.338s., tav.142, n.939. Inoltre G.**Heres**, Die Werkstatt dea Lampentoepfer Romanesis, in Forschungen und Berichte, Staatliche Museen zu Berlin X, 1968 p.189, n.37.
Probabile esecuzione a Cnido.

46) Inv.316/72: b. Tav.III
Lungh.cons.cm.10,5; largh. ricostruita cm.6,1; alt.cm.2,4.
Argilla nocciola e vernice rossa iridescente.
Manca parte del corpo e un frammento del beccuccio.
Spalla piatta e disco ribassato circondato da due cerchi concentrici incisi. Beccuccio tipo **Loeschke** I C molto allargato e volute a bottone rialzato aderenti alla spalla. Piede piatto.
Simile a molti esemplari da Sidi Krebish, in part. il n.169 anch'esso con vernice iridescente.
Seconda metà del I sec.d.C. importata dall'Italia secondo il Bailey (**Sidi Krebish** p.31, tav.9).

47) Inv.T 72-512. Tav.III
Lungh. cons.cm.6; largh.cm.7; alt.cm.7,3.
Argilla nocciola e vernice bruno chiara.
Manca la parte posteriore del corpo.
Beccuccio a rostro di tipo **Loeschcke** I C databile dalla fine dell'età giulio-claudia al II sec.d.C. Nel disco si vede un elemento leggermente curvo, un ramo, sul quale poggiano due gambe (o zampe).

48) Inv.716/72/b. Tav.III
Cm.4,2 x 7,6.
Argilla nocciola e vernice bruna iridescente.
Resta la parte posteriore senza ansa con spalla breve e dritta, profondi solchi concentrici di cornice al disco con all'interno cane che punta verso sinistra.
Vicino a **Bailey** II, p.146, tav.6, n.Q 821, ma meglio a Bailey **Sidi Krebish** p.31, tav.9, nn.173-174, con becco angolare a volute, e p.45, fig.6, n.293, importazioni italiane della seconda metà del I sec.d.C.

49) Inv.T 72-515. Tav.III
Cm.7,5 x 5.
Argilla rosa e vernice rossa.
Spalla arrotondata e disco ribassato circondato da due solchi concentrici. Beccuccio probabilmente tipo **Loeschcke** V. Disco decorato con icneumone tra fiori (di loto?) che attacca un altro animale di cui si vede solo la coda. Foro di immissione dell'olio non centrale e piccolo foro di sfiato all'attacco del beccuccio. Un cerchietto inciso sulla spalla.
Vedi **Bailey II**, p.193, tav.24, n.Q 976 (icneumone in lotta con un serpente). Ultimo terzo del I sec.d.C. Anche il nostro esemplare è probabilmente di provenienza italiana.

50) Inv.316/72/b. Tav.IV
Lungh.cons.cm.9,7; largh.cm.7,5; alt.cons.cm.2,9.
Argilla nocciola e vernice rossa.
Manca l'ansa, il beccuccio e parte del piede.
Spalle cadenti che si incontrano a spigolo con la parte inferiore. Disco ribassato non decorato e con foro di immissione dell'olio non centrale; beccuccio prob. tipo Dressel-Lamboglia 20. Piede piatto e forse *planta pedis*.
Molto simile a **Perlzweig** p.83, n.126, tav.5 con *planta pedis*, di fabbrica italiana della seconda metà del I sec.d.C.; a **Bailey** II, p.300, tav.57, nn.1213-14 di fine I sec.d.C.; a **Hayes**, Royal Ontario, p.54, n.243, tav.26; a **Heres** II, p.59, n.299, tav.35 o p.62, n.333, tav.38 da Smirne; a **R.Haken**, Roman Lamps in the Prague National Museum, Prague 1958, pp.67-68, n.66.

51) Inv.84/70/b. Tav.IV
Cm.6,3 x 5.
Argilla rosa e vernice rossa.
Resta parte del disco e della spalla sinistra.
Spalla ad ovuli e decorazione del disco poco chiara, ma sembra di riconoscervi un saltimbanco, con al lato una scimmietta, come in **Brants** n.284; **Bailey II**, p.160, n.Q861, tav.X; **De Pallol Salellas**, p.247, n.39, fig.104; **Leibundgut**, p.175, tav.45, n.263; **Moncini**, Milano Scala, p.71, tav.10, n.72; **Sapelli**, Lucerne fittili Milano, p.82, tav.XVII, n.167. Nei confronti la spalla è liscia e il tipo a volute, che nel nostro esemplare sono possibili, ma non certe. Datata dalla Sapelli dalla seconda metà del I sec.d.C. fino all'età traianea.

52) Inv.716/72/b. Tav.IV
Cm.5,1 x 5.
Argilla rosa e vernice rossa.
Resta parte del disco e della spalla destra con devorazione a ovuli.
Nel disco figura nuda stante rivolta verso sinistra e inizio di una seconda figura.

53) Inv.716/72/b. Tav.IV
Lungh.cm.10; largh.cm.7,3; alt.cm.3,4/4,7.
Argilla rosa e vernice rossa screpolata.
Manca lato destro e parte anteriore.
Spalla ad ovuli, ansa ad occhiello verticale. Nel disco concavo e circondato da listello bombato una figura femminile irriconoscibile stante rivolta verso la sua destra con braccio sinistro piegato al gomito. Foro per l'olio decentrato verso la sinistra.
Fine I sec.d.C.- II sec.d.C.
Potrebbe trattarsi di Afrodite armata (come in **Broneer** Corinth, p.98, fig.44 e p.192, n.590) che si specchia nello scudo di Ares. La spalla ad ovuli, il tipo di ansa e il foro laterale sono uguali e la datazione è la stessa.

54) Stesso n. di inv. Tav. IV
Cm. 6 x 6,8.
Argilla marrone verniciata.
Resta parte del disco e l'attacco di una voluta.
Decorazione irriconoscibile. Fine I sec.d.C.

55) Stesso n. di inv. Tav.IV
Cm.5,8 x 4,5.
Argilla nocciola e vernice nera.
Resta parte del disco e della spalla.
Spalla ad ovuli. Disco irriconoscibile.

56) Non inv. Tav.IV
Lungh.cons.cm.6,2; largh.cm.4.
Argilla nocciola verniciata.
Resta la parte posteriore senza l'ansa.
Spalla larga leggermente scendente con rottura posteriore ad indicare la presenza dell'ansa, disco ribassato e circondato da tre cerchi incisi e nel disco due maschere teatrali o di schiavi.
Il motivo è usato sia su lucerne a volute sia in quelle a canale. Vedi **Deneauve**, p.154, tav.LXII, n.613; **Bailey** II, p.189, tav.22, n. Q967; **Moncini** Milano Scala, p.74, tav.10, n.81; **Hellmann** II, p.42, tav.XVI, n.148 (a volute semplici e senza ansa); **Menzel,** p.63, fig.51,3, n.372 in una Firmalampe.
Fine I-inizi II sec.d.C.
Il ns. esemplare è molto vicino a quello del Bailey ed apparteneva probabilmente ad un tipo **Loeschcke** V.

57) Inv.716/72. Tav.IV
Cm.5,5 x 5.
Argilla nocciola e vernice rosso-mattone.
Resta gran parte del disco di un tipo senza anse, con breve spalla leggermente discendente.
Disco ribassato e circondato da due solchi concentrici e all'interno un gladiatore combattente verso sinistra (hoplomachus).
Simile a **Bailey** III, p.239, tav.36, n. Q1957, fig.67 (dall'Egitto); **Menzel**, p.37, n.164, fig.33, n.22 da Saqqara e Ivanyi, p.85, tav.XXV, 2, n.706. Fine I-II sec.d.C.

58) Non inv. Tav.IV
1) Lungh.cm.6,5; largh.cm.3.
2) Lungh.cm.6,5; largh.cm.4.
Argilla nocciola e vernice bruna iridescente.
Due frammenti che in parte attaccano di lucerna a spalla leggermente spiovente, disco ribassato liscio con foro centrale, cornice doppia e prese laterali a nastro.
Simile a **Perlzweig** p.106, n.403, tav.13 ateniese ma copiata da modello importato della prima metà del I sec.d.C. - inizi II sec.d.C.; a **Bailey** II, p.236, tav.38, n. Q1097 (fine I- inizi II sec.d.C.); a **Deneauve**, p.159, tav.LXIV, n.642 (a partire dalla prima metà del I sec.d.C.); a **Menzel,** p.58, n.327, fig.19,9 (con bordo a ovuli).

59) Non inv. Tav.IV
Lungh.cons.cm.7,6; largh. beccuccio cm.6,3; alt.cm.4,2.
Argilla rosa e vernice rossa.
Resta una piccola parte del corpo e il beccuccio ad incudine arrotondata con parte terminale a pelta ribassata e solco lungo il beccuccio.
Vedi **Sidi Krebish** p.120, tav.24, n.832 di produzione locale databile al tardo I sec.d.C.-prima metà del II sec.d.C.

60) Inv.716/72/b. Tav.IV
Largh.cm.6,3; alt.cm.6,2.
Argilla rossa verniciata in rosso, leggermente iridescente.
Ansa triangolare con vertice ingrossato e angoli smussati; decorata a palmetta, con delfini di importazione italiana, piuttosto comune. di I-II sec.d.C. da collegare a lucerne di tipo **Broneer** XXI, oppure di fabbricazione tunisina databile dall'età adrianea a tutto il II sec.d.C.
Vedi **Sidi Krebish** p.60, tipo II(a) 17, tav.12, n.424 (prima metà del II sec.d.C.); **E. Ghislanzoni**, Notizie Archeologiche sulla Cirenaica, in Not. Arch. I 1915, p.89 fig.10, n.2 e fig.10bis, nn.3-4 (con bollo Oppi) da Bengasi; **S.Fontana**, in AAVV., Une tombe hypogée de la nécropole occidentale de Leptis Magna, in LA n.s.III, 1997, p.131, n.39, tav.LVIIIc.

61) Stesso numero di inv. Tav.IV
Largh.cm.5; alt.cm.7.
Argilla rosa e vernice rossa.
Ansa a crescente lunare, di tipo molto comune e di probabile importazione italiana (**Bailey** II, p.218, tav.34, n. Q 1037ss.).I confronti sono moltissimi, ma ritengo superfluo citarli; ad es. ce ne sono ventisei solo a Cosa (**Cosa**, p.147s., fig.76).
Vedi **Sidi Krebish** p.58s., tipo II(a) 16, tav.11, nn.411ss. di I-II sec.d.C.

62) Stesso numero di inv. Tav.IV
Largh.cm.7; alt.cm.8,2.
Argilla nocciola verniciata.
Ansa triangolare con vertice ingrossato decorata con palmetta a sette foglie e ippocampi alla base. Probabile importazione italiana. I-II sec.d.C.
Vedi **A.M. Woodward**, The antiquities from Lanuvium, in PBSR XI, 1929, p.123, n.57, fig.35,6: **T.Szentlelekey**, Ancient lamps, Amsterdam 1969, p.62, n.60.

63) Inv.223 PT. Tav.IV
Largh.cm.4,5.
Argilla camoscio con vernice bruno-rossa.
Breve spalla e tripli cerchi concentrici incisi intorno al disco leggermente ribassato con decorazione di Tritone con lunga conchiglia. Senza confronti.

64) Non inv. Tav.IV
Cm.5,5 x 4.
Argilla nocciola e vernice bruno scuro.
Breve spalla scendente con attacco del beccuccio a volute tipo Loeschcke IV. Disco ribassato e circondato da tre solchi concentrici e discendenti. Decorazione di due cornucopie, molto comune e con innumerevoli varianti.
Vedi **Sidi Krebish** p.31, tav.9, n.172. Importazione italiana.

65) Inv.86/711/b. Tav.IV
Largh.cm.5.5.
Argilla nocciola chiara e vernice bruna.
Resta parte della spalla arrotondata e del disco incorniciato da due solchi, ribassato e con foro per l'immissione dell'olio nella parte inferiore sinistra.
Nel disco Zeus con l'aquila, decorazione molto comune durante il I e il II sec.d.C. sia in Italia sia in varie provincie, ad es.Cartagine (**Deneauve**, p.126, tav.XLV, n.403); Mauretania (**Ponsich**, p.80, tav.IV, n.28; p.85, tav.VIII, n.81); Vindonissa (**Loeschcke** p.387, tav.IV, n.329; p.415, tav.IV, n.651), Spagna (**De Palol Salellas**, p.257, fig. 110, n.86); Cipro (**Oziol** p.160, tav.25, n.472ss.); Alessandria (**Heres** II, p.14, tav.4, n.10); Delos (**Bruneau** Delos p.125s., tav.29, n.4589), ecc.
Ampia discussione sul tipo in **Menzel** p.58, n.330 e **Bailey** II, pp.8-10. Vedi anche **Leibundgut**, p.137, tav.25; **Qedem** p.26, n.78 e p.36, n.135; **Hayes** Royal Ontario p.62, n.268, tav.31.
Molto simile a **Sidi Krebish** p.127, fig.9, n.880.

66) Non inv. Tav.IV
Lungh.cons.cm.7.5; largh.cm.7; alt.cm.3/4,5.
Argilla rosa e vernice rossa.
Manca la parte anteriore e il beccuccio.
Spalla ad ovuli in doppio sguscio. Ansa verticale ad anello. Disco circondato da profondo solco e all'interno pigmeo danzante.
Vedi **L.Mercando**, Lucerne romane del museo di Iraklion, in Antichità Cretesi II, Catania 1974, p.237, tav.XXXVI, n.11; **Ponsich** p.81, tav.V, n.36; **Sidi Krebisch**, p.41, fig.5, n.254; **Bailey** III da Cnido p.359, n.2941, tav.94 e fig.74 molto simile anche nel bordo, ma senza ansa. I sec. e inizi II sec.d.C.

67) Inv. T 57-15. Tav.IV

Lungh.cons.cm.7,6; largh.cm.5,7.

Argilla rosa e vernice rossa.

Manca il fondo, l'ansa, il beccuccio, la parte laterale destra e quella anteriore.

Ampia spalla con ovuli in doppio sguscio e piastrine laterali lisce. Disco ribassato e circondato da cornice liscia e solco. Foro centrale. Nel disco a sinistra gladiatore (*secutor*) con elmo e scudo rettangolare, con spada nella destra che combatte con un altro senza elmo che lo incalza con un tridente (*retiarius*).

La scena è piuttosto insolita; il personaggio di sinistra è simile a **Loeschcke** p.370, tav.IX, n.115, a **Heres** II, p.86, tav.59, nn.552 dall'Egitto e 553, a **Waldhauer** p.51, tav.XXXV, n.335 dal Chersoneso; tutti i confronti presentano un elmo diverso e una diversa posizione dello scudo. Confronto simile anche a Corinto (**Broneer**, p.256, fig.179, nn.1192-1194 (rovesciato) con bordo simile ma spalla più ampia, disco più piccolo e quindi figure di misure minori, non verniciato e ansa piatta). Il paragone migliore è in **Bailey**, New Acquisitions (1976-1979), Occasional Paper 22, BM 1981, p.15, n.16 con spalla senza ovuli e beccuccio a cuore. Eseguito in Asia Minore. Prima metà del II sec.d.C. Vedi anche **Kraeling** tav.LXII D (non ritrovata).

Un atteggiamento simile hanno i due amorini gladiatori nel mosaico di "Venus" nella villa romano britannica di Bignor.

68) Non inv. Non fotografato.

Cm.7,7 x 7.

Argilla rosa nocciola verniciata.

Manca in fondo, l'ansa, il beccuccio e gran parte del corpo (laterale destro e anteriore).

Come la precedente e della stessa matrice.

69) Inv. T 57 B. Tav.IV

Cm.4 x 3.

Argilla rosa e vernice rossa.

Resta una parte della spalla con ovuli in doppio sguscio e parte del disco.

Come la precedente.

70) Non inv. Tav.IV

Lungh.cm.9,1; largh.cm.8,8; alt.cm.2,3.

Argilla nocciola verniciata.

Manca il fondo e la parte anteriore con il beccuccio.

Ampia spalla a ovuli in doppio sguscio; disco ribassato e incorniciato da un profondo solco. All'interno rosetta con dodici petali. Ansa ad occhiello verticale con due striature.

Il tipo è molto comune, sebbene non vi siano confronti precisi con rosette a dodici petali (**Broneer** Isthmia, p.50, tav.28, n.2458; **Heres** II, p.69, tav.45, n.407; **Ivanyi**, p.87, tav.XXVII,7,n.732), ma il paragone migliore è **Sidi Krebish** p.94, tav.18, n.650 da Cnido (che ha però cartigli rettangolari sulla spalla) e **Catling**, Knossos, p.293, tav.266, nn.485-486. II sec.d.C.

Kraeling tav.LXIII A.

71) Inv.716/72: b. Tav.V
Cm.7 x 6.
Argilla nocciola verniciata.
Resta parte del disco e della spalla ad ovuli e cerchietti.
Nel disco ribassato e circondato da quattro solchi grifone alato con testa di ariete e corna ricurve, ali, corpo felino e la zampa anteriore destra alzata. Sotto una rosetta. Foro decentrato e posto sotto il corpo del grifone.
I confronti sono numerosi, ma nessuno puntuale; manca spesso il bordo ad ovuli e sempre la rosetta. Vedi ad es. **Bruneau** Delos, p.124, tav.29, n.4581; **Ivanyi,** p.48, tav.VII,3, n.167; **Menzel,** p.34, fig.28,4-5, nn.136-137; **Bailey VA,** p.32, tav.IV, n.35; **Oziol,** p.134, tav.20, n.365ss.
Probabile modello iniziale romano che ebbe diffusione fino al II sec.d.C. nel Mediterraneo orientale.

72) Inv.T 57 B. Tav.V
Diam.cm.8; alt.cm.3.
Argilla nocciola chiara.
Manca un frammento della spalla e il fondo. Superficie scrostata ovunque. Eseguita da matrice stanca. Ampia spalla smussata con cerchio inciso, disco ribassato con foro per l'immissione dell'olio decentrato. Ansa verticale ad occhiello forato. Nel disco sembra di poter riconoscere un animale di grossa taglia (leone?).
II sec.d.C.

73) Inv.T 72-527. Tav.V
Lungh.cons.cm.9; largh. ricostruita cm.5; alt.cm.2,6/4,3.
Argilla nocciola verniciata.
Manca il lato destro e la punta del beccuccio. Proveniente da matrice stanca e superficie consunta. Spalla liscia arrotondata e disco ribassato con beccuccio rotondo liscio. Nel disco Sfinge con probabili girali ai lati. Ansa ad occhiello verticale.
Vedi **Deneauve** p.153, tav.LXI, n.604 (becco a volute semplici); **Coldstream** Knossos p.52, tav.30, n.51. Vedi anche **Sidi Krebish** p.127, tav.25, fig.9 (tipo II (b) 11, n.881 di fabbrica locale (II-III sec.d.C.). La lucerna di Knossos è datata dal Coldstream alla fine del I sec.d.C. e il tipo potrebbe esser stato copiato in Cirenaica a partire dal II sec.d.C.
Le girali sono molto chiare in **Gualandi Genito** Bologna p.110, tav.34, n.231; **Deneauve** p.169, tav.LXIX, n.726; **Heres** II p.84, tav.58, n.536; **Mercando** Iraklion, p.237, tav.XXXVI, nn.15-16.

74) Non inv. Tav.V
Lungh.cons.cm.6; largh.cm.10; alt.cm.4,5/6,8.
Argilla rosa e vernice evanida.
Resta la metà posteriore.
Ampia spalla smussata con quattro file di perline in rilievo, disco ribassato circondato da due cornici bombate e all'interno aquila ad ali spiegate, frontale con testa rivolta verso destra. Foro decentrato. Ansa verticale.
Deve far parte del gruppo II (a) 12 di **Sidi Krebish** p.128s, probabilmente ancora di II sec.d.C., simile al n.890 (p.128, tav.25, fig.9) con aquila, ma in posizione diversa.
Kraeling tav.LXII D.

75) Inv.716/72/b. Tav.V
Lungh.cm.13,5; largh.cm.8,2.
Argilla rosa e vernice rossa.
Manca l'estremità di un beccuccio, parte della presa centrale e un frammento del lato sinistro..
A due becchi contrapposti con due fori nel disco ribassato e bordo a due listelli che seguono l'andamento della spalla e terminanti a volute sui beccucci arrotondati. Base ovale.
Vedi **Catling** Knossos, p.303s., tav.273, n.658ss, con presa centrale a picciolo terminante ad anello. Il n.663 ha ansette laterali appena accennate come potrebbe avere il nostro esemplare sul lato sinistro incompleto. Modello abbastanza comune a Knossos, derivato da modello metallico (vedi **M.Conticello-De Spagnolis,** Le lucerne di bronzo di Ercolano e Pompei, Roma 1988, specie il n.184 N 120 da Ercolano).Uno degli esemplari da Knossos è firmato "Gamou" (p.313ss.) ritenuto dal Bailey come lavorante a Bengasi, perché firma lucerna di fabbricazione locale (**Sidi Krebisch** p.123), ma per il gran numero di esemplari trovati a Creta (**Catling** Knossos, p.313s.), è meglio ritenerlo cretese e il grande successo dell'officina nel II sec.d.C. è indice di forti legami commerciali con la Cirenaica.

76) Inv.85/81/b. Tav.V
Lungh.cons.cm.5,2; largh.cons.cm.4,6.
Argilla nocciola corinzia.
Resta l'ansa e parte della spalla puntinata e del disco.
Breve spalla con una fila di perline a rilievo. Disco circondato da due solchi degradanti e ad alto rilievo una testa femminile velata con alto ciuffo (Isis?). Ansa striata ad occhiello.
Heres II p.97, tav.68, n.694) pubblica un esemplare simile con busto di Igea che ha la stessa ansa e lo stesso bordo perlinato e che è considerata "falsa". In **Perlzweig** (p.113, tav.16, n.679) ve n'è uno vicino al nostro con testa di Hermes e anche un altro al n.780 (p.119, tav.18), frammentario con busto di Iside. Con spalle diverse, ma la stessa decorazione rilevata sono in: **Williams** Kenchreai p.43, tav.7, n.155 (Antinoo), **Broneer** Corinth p.193, tav.XII, n.599 con Dioniso e **Broneer** Isthmia p.74, tav.33, n.2966 con Hermes uguale a **Perlzweig** p.118, tav.77, n.778 e spalla diversa. Non c'è dubbio che si tratti quindi di una produzione non "falsa" e probabilmente di origine corinzia, databile dalla metà del II sec.d.C. (Antinoo a Kenchrai) al III sec.d.C. (Perlzweig).

77) Inv.716/71/b. Tav.V
Cm.8,5 x 6,3.
Argilla rosa e vernice rossa.
Manca l'ansa, la parte laterale destra e tutta la parte anteriore.
Ampia spalla ad ovuli in doppio sguscio e disco ribassato e incorniciato da due solchi. All'interno Orfeo con mantello, abito lungo cinto e berretto frigio suona la lira seduto su un masso vicino ad un albero a sinistra e ad un cervo a destra, con corpo frontale e volto di profilo.
Foro decentrato.
Un altro Orfeo è in **Hellmann** II, p.79, tav. XXXIX, n.300; in **Broneer** Corinth, p.205s., fig.139, n.703; in **Bruneau** Delos, p.134, tav.31, n.4656, ma diversi. Uguali sono invece tre frammenti di dischi di lucerne di **Sidi Krebish** eseguite localmente (p.133, II (b)14, fig.9, nn.927-929) e un esemplare ben conservato in **Qedem** p.40, n.158.
Kraeling, p.270, tav.LXIII A (più completa).

78) Inv.716/72/b. Tav.V

Lungh.cm.8,2; largh. ricostruita cm.7,7; alt.cm.3/4,5.

Argilla nocciola e vernice bruna.

Manca gran parte del lato sinistro, del disco e il beccuccio.

Spalla con bordo ad ovuli. Piede piatto con incisione intorno. Ansa ad occhiello verticale. Nel disco testa di gladiatore con elmo crestato.

79) Inv.716/72. Tav.V

Cm.6,2 x 6,5.

Argilla rosa e vernice rossa.

Resta gran parte del disco e una parte della spalla decorata da foglie di quercia e ghiande.

Nel disco testa di Gorgone, come ce ne sono varie da **Sidi Krebish**, p.129s. tav.26 e fig.9, nn.896/7 e 899, di esecuzione locale (tipo **Loeschcke** VII). Vedi anche **Mercando** Iraklion p.237, tav.XXXVI, nn.5 e 6 con bordo decorato nella stessa maniera e stessa posizione del foro decentrato lateralmente verso il basso. Un simile esemplare con foglioline diverse sul bordo fu portato da Dennis dalla Cirenaica al British Museum (**Walters**, p.170, n.1128, fig.240).

80) Inv.T 72-65-10. Tav.V

Lungh.cm.7,5; largh.cm.7; alt.cm.3,3(con ansa).

Argilla nocciola verniciata.

Manca un frammento del fondo e il beccuccio.

Spalla ampia con ovuli appena accennati. Disco ribassato e circondato da bordo liscio e solco. Nel disco rappresentazione irriconoscibile. Foro non centrale.

Probabilmente del gruppo II(b) 13 di **Sidi Krebish** (ad es. p.129, tav. XXVI, n.896). II- III sec.d.C.

Kraeling tav.LXIIIA.

81) Inv.716/72/b997. Tav.V

Lungh.cons.cm.5,5; largh. ricostruita cm.5,2; alt.tot.cm.4,5.

Argilla rosa impura e non verniciata.

Manca il lato destro e la parte anteriore con il beccuccio.

Piccola spalla smussata e disco ribassato con rosetta a petali fitti. Ansa ad occhiello verticale.

Vedi **Sidi Krebish** p.126, tav.25, nn.875-877 databili dal I al III sec.d.C.; vedi anche **Goethert Polaschek**, p.275, tav.73, n.M 243; p.164, n.684.

82) Non inv. Tav.V

Lungh.cons.cm.8,2: largh. ricostruita cm.6,5; alt.cm.3,1/5,3.

Argilla nocciola e vernice bruna.

Piccola spalla smussata e disco ribassato circondato da un solco e decorato con rosetta a ventidue petali che partono da un cerchio rilevato intorno al foro centrale. Ansa scanalata ad occhiello verticale. Fondo piatto.

Broneer tipo XXV; **Loeschke** tipo VIII. Simile a **Sidi Krebish** p.126s, tipo II (b) 9, nn.875-879 (specie il n.876) di fabbricazione locale databili dal I al III sec.d.C. Uguale a **Catling** Knossos p.292, tav.266, n.472 che sembra provenire dalla stessa matrice, come pure **Mercando** Iraklion, p.238, tav.XXXVII, n.9.

83) Non inv. Tav.V
Lungh.cons.cm.9,2; largh.cons.cm.5; alt.cm.5.
Argilla nocciola e vernice bruna.
Resta meno della metà della parte posteriore con l'ansa.
Simile alla precedente. Vedi in particolare Sidi Krebish, p.126, tav.25, nn.876-877 di produzione locale.

84) Non inv. Tav.V
Lungh. cons.cm.8,6; largh. ricostruita cm.8; alt.cm.4.
Argilla rosa nocciola e forse vernice bruna.
Manca il piede, una parte del lato sinistro e la parte anteriore con il beccuccio.
Piccolissima spalla smussata e disco ribassato e circondato da due solchi degradanti. Rosetta a dieci petali o cinque cuoriformi e perciò doppi. Ansa striata ad occhiello verticale.
Simili ma con un solco di cornice nel disco: **Sidi Krebish** p.127s, tipo II (b) 11, tav.25, n.884 e **Heres** II p.63, tav.38, n.344. Dal I al III sec.d.C.

85) Non inv. Tav.V
Lungh.cm.8,5; largh.cm.3,5; alt.cm.3,1/4,8.
Argilla rosa verniciata.
Manca la parte destra e il beccuccio.
Ampia spalla perlinata con piccolo disco liscio e ribassato. Ansa ad occhiello striato.
Sotto il piede firma in lettere greche non molto leggibili: .λo./.νου (?)
Forma piuttosto comune: ce ne sono molte a Knossos (**Catling** p.300, tav.271, n.613ss. e **Coldstream** p.51, tav.30, n.48 simile ad un altro esemplare dalla stessa area firmato ΓΑΜΟΥ). Vedi anche D.**Bailey**, in AAVV. Excavations at Monte Gelato, London 1997, p.291, n.42, fig.201 dall'Italia Centrale di fine II-inizio III sec.a.C.
Kraeling tav.LXIIIA.

86) Non inv. Tav.V
Lungh.cons.cm.11,5; largh.cons.cm.5,2.
Argilla rosa e vernice rossa scrostata.
Mancano le spalle, l'ansa e il beccuccio, frammenti del disco e la base.
Spalla discendente con due file di perline a rilievo; disco incorniciato leggermente ribassato e all'interno due gladiatori (oplomachi) affrontati, armati pesantemente con gli scudi he si toccano.
Non ci sono confronti diretti, ma come genere di rappresentazione vedi **Bailey** II, p.349, tav.75, n. Q 1392 (dall'Italia Centrale di fine II-inizio III sec.d.C.);III, p.343, tav.84, n.Q 2754 da Cnido del II sec.d.C. Una lucerna con simile rappresentazione, con scudi della stessa forma che si toccano, ma con gladiatori più distanziati é pubblicata da **F. Alvarez-Ossorio**, Lucernas o Lamparas Antiguas de Barro Cocido del Museo Arqueologico National, in Archivo Espanol de Arqueologia XV, 1942, p. 281, fig. 3 (proveniente dall'Egitto con firma FLORENT, uguale a **L.Mercando**, Lucerne greche e romane dell'Antiquarium Comunale, Roma 1962, tav.XII, n.4.
Kraeling tav.XLII B2.

87) Inv.T 71-61. Tav.VI
Lungh.cons.cm.9,6; largh. ricostruita cm.6,5; alt.cm.3,6.
Argilla nocciola verniciata.
Manca la parte posteriore.
Ampia spalla ad ovuli e trattini terminanti a cerchietti. Disco ribassato e incorniciato da un bordo liscio piano e due solchi discendenti. Foro per l'immissione dell'olio decentrato e secondo foro in basso. Nel disco toro a destra con testa voltata. Becco a cuore.
Vedi **Bailey** III da Efeso, p.380, tav.103, n.Q3085 con toro più piccolo e p.77, fig.97 per la discussione del tipo; **Sidi Krebish** p.136, fig.10, tipo II (b) 14, n. 952, di produzione locale.
II-III sec.d.C.

88) Inv.T 71-84. Tav.VI
Lungh.cons.cm.5; largh.cm.6,5; alt.cm.2,6/4,2.
Argilla nocciola verniciata.
Manca la parte anteriore con il beccuccio.
Larga spalla stondata con bordo di ovuli in doppio sguscio intorno al disco ribassato e circondato da un solco. Ansa striata ad occhiello verticale. Nel disco aquila con la testa rivolta a destra e con il becco che tiene una corona, ali quasi spiegate, stante frontalmente e, secondo i confronti, appoggiata ad un fulmine orizzontale.
Vedi **Catling** Knossos, p.288s., tav.264, nn.414-420 probabilmente di produzione cretese.
II-III sec.d.C.

89) Non inv. Tav.VI
Lungh.cons.cm.4; largh.cm.7.
Argilla nocciola probabilmente corinzia.
Resta solo la parte posteriore.
Spalla discendente decorata ad incisione con rami e foglioline; disco ribassato e incorniciato decorato a raggiera; ansa forata striata ad anello verticale.
Broneer (tipo XXVII)Corinth p.189, tav.XI, n.570; **Broneer** Isthmia p.67, tav.30, n.2796ss.; **Perlzweig** p.94, tav.8, n.274; **Williams** Kenchreai p.44, tav.8, n.171ss.; **Bruneau** Delos p.135, tav.31, nn.4658-9; **Ph.Bruneau**, Lampes corinthiennes, in BCH 95, 1971, p.458ss. n.10; **Hellmann** I, p.32, n.29; **Sidi Krebish** p.147, tav.29, n.1046. Seconda metà del II sec.d.C.- inizio III sec.d.C:
L'argilla del nostro esemplare è probabilmente corinzia, così questa sarebbe una delle rare lucerne di Tolemaide di importazione diretta. Il tipo è stato abbondantemente copiato sia in Attica che in Cirenaica. Gli esemplari corinzi sono in genere firmati.

90) Inv.996/716/72b. Tav.VI
Lungh.cm.3,3; largh.cm.6,7.
Argilla rosa e vernice rossa.
Resta una parte della spalla e dell'ansa.
Simile al precedente con diversa decorazione della spalla e diversa argilla.
Produzione locale.

91) Inv.T 57 B. Tav.VI
Cm.7,2 x 5.
Argilla nocciola non verniciata.
Resta parte della spalla, del disco e l'inizio del beccuccio.
Ampia spalla con grappoli e pampini a rilievo, disco incorniciato e ribassato a raggiera che inizia da una cornice rilevata lasciando dello spazio libero intorno al foro centrale.
Simile a **Coldstream** Knossos p.45, tav.26, n.119; a **Broneer** Corinth, p.189, tav.XI, n.570; a **Broneer** Isthmia, p.67, tav.30, n.2799ss. specie il n.2800; a **Williams** Kenchreai p.44, tav.8, n.171ss e anche p.55, tav.10, nn.242/243; a **Perlzweig**, p.145, tav.28, nn.1490ss.; a **Balestrazzi-De Filippo**, p.403s., tav.181s., nn.1113-1117 e a **Sidi Krebish** p.103, tav.21, tipo II (a) 52,n.699. Le datazioni variano dal II sec.d.C. al III e, come afferma il Bailey per il suo esemplare da Bengasi, si tratta di un tipo corinzio di fine II sec.d.C. importato in Cirenaica probabilmente dopo la metà del III sec.d.C

92) Inv.316/72. Tav.VI
Cm.4,2 x 7,7.
Argilla rosa nocciola e vernice rossa.
Resta parte del disco e l'attacco del beccuccio a cuore.
Nel disco Tritone che soffia in una conchiglia.
Loeschke tipo VIII. Vedi **Williams** Kenchreai p.21, tav.4, n.94 e a **F.Alvarez-Ossorio**, Lucernas o Lamparas Antiguas del Museo Arqueologico Nacional, in Archivo Espanol de Arqueologia XV, 1942, p.282, fig.4, n.2. Per esemplari simili dalla Cirenaica: **Bailey** III, p.213, tav.32, n.Q 1878 (II sec.d.C.) da Cirene portato a Londra da Smith e Porcher e **Sidi Krebish** p.134, fig.9, tipo II (b) 11, n. 930, prodotto locale di III sec.d.C.

93) Non inv. Tav.VI
Lungh.cm.8,2; largh.cm.7.
Argilla nocciola farinosa.
Resta solo la parte superiore senza beccuccio.
Ampia spalla con bordo esterno rialzato e decorato con racemi e grappoli di vite. Disco piccolo ribassato, incorniciato e decorato a raggiera. La decorazione della spalla si interrompe all'altezza del beccuccio in uno spazio triangolare liscio.
Il tipo originale è probabilmente corinzio (vedi **Perlzweig** p.146, tav.12, n.1512 firmata, dell'inizio del III sec.d.C.) e poi riprodotto localmente in Cirenaica, come a **Sidi Krebish** p.148, tav.29, tipo II(b) 21, n.1053 fino alla metà del III sec.d.C. Vedi anche **Ivanyi**, p.98, tav.XXXV, 4, n.872.

94) Non inv. Tav.VI
Lungh.cm.9,4; largh.cm.7,2; alt.cm.3,3/4,5.
Argilla rosa e vernice rossa bruciata.
Manca il beccuccio.
Spalla corta decorata con una fila di perline a rilievo e disco ribassato circondato da tre cornici bombate (quella centrale più larga) e all'interno falce lunare sotto al foro per l'immissione dell'olio. Secondo foro di sfiato prima del beccuccio. Ansa scanalata ad occhiello verticale.
Vedi **Perlzweig** p.134, tav.22, n.1090 (attica di inizio IV sec.d.C.); **Broneer** Corinth p.269, fig.194, n.1309 (III-IV sec.d.C:); **Waldhauer** p.61, tav.XLIV, n.466 dal Chersoneso; **Ivanyi**, pp.97-98, tav.XXXV,2, n.870. Senza crescente lunare, vedi **Williams** Kenchreai p.56, tav.11, n.248.Produzione attica.
Kraeling tav.LXIII A.

95) Inv.99/4/69/b. Tav.VI
Lungh.cm.13,2; largh.cm.10; alt.cm.4/6,5.
Argilla rosa nocciola, probabilmente attica.
Manca parte della spalla destra e il beccuccio.
Spalla larga con cartiglio laterale, decorata con ramo e fogliette. Disco ribassato circondato da due cerchi rilevati e al centro aquila frontale con testa a sinistra. Piede piatto.
Per il bordo vedi **Perlzweig** p.114, tav.16, n.711 di III-IV sec.d.C. e **Sidi Krebish** p.107, n.739.

96) Inv.T 72-68. Tav.VI
Lungh.cm.7,2; largh.cons.cm.2,9; alt.cm.3,2/4,6.
Argilla nocciola non verniciata.
Resta la metà sinistra.
Forma biconica tendente al globulare con spalla decorata a globetti (quattro file) e piccolo disco concavo distinto da cordolo rilevato. Ansa ad occhiello verticale.
Simile a **Hayes**, Royal Ontario, pp.65-66, tav.33, n.280, ma verniciata e proveniente da Cartagine (III-IV sec.d.C.); **Menzel,** p. 86, tav.81,11. Secondo **Bailey** (II, p.380, tav.86. n.Q 1424) la datazione va dal tardo III all'inizio del V sec.d.C. Comune nelle catacombe cristiane (**A. Provoost**, Les lampes à recipent allongé trouvées dans les catacombes romaines, Essai de classification typologique, in Bull. de l'Institut Historique Belge de Rome XLI, 1970), p. 43s., tipo 4; **M.T.Paleani**, Le lucerne paleocristiane, Roma 1993, pp.10-20 e pp.86-87; **R. Marconi Cosentino-L. Ricciardi**, Catacomba di Commodilla, Roma 1993 pp. 40-42 e 71-75 con bibl.prec.
La produzione é romana (**L. Anselmino**, Ostia IV, in Studi Miscellanei 23, 1977, pp. 91-94) ma vi sono imitazioni africane.

97) Non inv. Tav.VI
Lungh.cm.10; largh.cm.8,6; alt.cm.3,5.
Argilla rosa e vernice rossa.
Manca l'ansa, il beccuccio, parte del corpo e il fondo.
Disco ribassato con rosetta a sedici petali che partono direttamente dal foro centrale, poi falsa corda e spalla con ovuli. Ai lati della spalla orecchiette con pseudo volute.

98) Inv.63/33/69/b. Tav.VI
Lungh.cm.9; largh.cm.8,2; alt.cm.4/5,5.
Argilla rosa impura.
Manca il beccuccio.
Forma espansa con corpo svasato. Spalla con quattro file di perline, disco irregolare con doppia costolatura e all'interno stella a raggi dritti alternati con raggi terminanti a perlina. Piede piatto. Canale aperto
Per la forma vedi: **Menzel**, p.99, n.645 fig.81,3 da Mileto di VI sec.d.C. ;**La Lomia,** p.17, tav.VIII, nn.797, 801, 802 e 803; **Joly** p.78 (lucerne tripolitane) e p.177, n.1005ss., tav.XLIV con canale aperto e stessa ansa, ma disco circolare più piccolo, decorazione della spalla diversa e in genere manifattura più raffinata. IV sec.d.C. La stessa forma espansa, ma con foro centrale molto più grande, si trova ad Antiochia (**Waagé** III, p.68, tav.81, n.175 di VI sec.d.C. e anche oltre)

99) Inv. 76/33/69/b. Tav.VI
Lungh.cm.8,5; largh.cm.8; alt.cm.3,5/5,5.
Argilla rosa impura.
Manca un frammento del disco e dell'ansa e il beccuccio.
Tipo simile al precedente. Spalla perlinata e disco a raggiera.

100) Inv. P 67-1-10. Tav.VI
Lungh.cm.10; largh.cm.9; alt.cm.3,8/5,5.
Manca la parte anteriore, un frammento dell'ansa e il beccuccio.
Argilla rosa impura.
Tipo simile al precedente con spalla decorata con un ramo a fitte foglioline stilizzate.

101) Inv.9/33/69/b. Tav.VI
Lungh.cm.10; largh.cm.8; alt.cm.3,8/5
Argilla rosa.
Manca il beccuccio, un frammento dell'ansa e del fondo.
Tipo simile al precedente. Spalla con tre file di perline e disco a raggiera e perline come nei nn.190 e 191.

102) Non inv. Tav.VI
Lungh.cm.7; largh.cm.5,2; alt.cons.cm.3,2.
Argilla rosa e vernice bruciata.
Resta un frammento della parte anteriore.
Piccola spalla liscia e disco a petali che partono da un cerchio intorno al foro centrale.
Secondo foro di sfiato vicino al beccuccio. Grande foro del beccuccio.
Non lontana da Isthmia, p.78, tav.34, n.3049 con petali schiacciati contro il bordo, quattro fori in mezzo ai petali, ma spalla decorata a spina di pesce. Fine IV-inizio V sec.d.C.
Altri due frammenti con petali e ansa ad occhiello non fotografati sono in magazzino,

103) Inv.T 52-516. Tav.VII
Lungh.cm.10,5; largh.cm.8.
Argilla nocciola e vernice rossa.
Resta la parte superiore senza una parte della spalla e il beccuccio.
Spalla decorata a spina di pesce, disco con rosetta a dodici petali entro due cornici. Ansa piena striata all'attacco. Simile all'esemplare di Isthmia citato come confronto al numero precedente, senza i quattro fori sul disco, comunque di esecuzione più grossolana. Derivato forse da **Perlzweig**, p.153, tav.31, n.1818 di IV sec.d.C.

104) Inv.39/21/69. Tav.VII
Lungh.cm.10; largh.cm.8,2; alt.cm.3,1/4,1.
Argilla nocciola bruciata.
Manca l'ansa e il beccuccio.
Spalla con una fila di perline, disco con doppio bordo e all'interno due rami stilizzati di palme. Ansa forse piena.
Non lontana da **Balestrazzi De Filippo** p.361, tav.151, n.998, ma con due file di perline sulle spalle (IV sec.d.C.)

105) Non inv. Tav.VII
Lungh.cm.10,5; largh.cm.8.
Argilla rossa.
Resta solo la parte superiore senza un frammento della spalla e il beccuccio.
Piccolo disco circolare concavo e liscio circondato da due bordi, nonostante il canale aperto.
Spalla ampia decorata con racemi ondulati poco riconoscibili. Secondo foro di sfiato lungo il canale. Ansa costolata Piede piatto.
Non lontana da **Bailey** III p.191s. tav.17, n.Q 1733 di IV sec.d.C. e da Joly, p.167, tav.XXXVI, n.873.

106) Non inv. Tav.VII
Lungh.cm.9; largh.cm.6; alt.cm.4,6.
Argilla nocciola non verniciata.
Manca il lato sinistro, parte del destro, il fondo e il beccuccio.
Spalla liscia, disco circondato da due solchi e all'interno conchiglia. Ansa ad occhiello striata.

107) Inv.T 57 B. Tav.VII
Lungh.fr.cm.8,4.
Argilla nocciola locale.
Resta un frammento della spalla destra e parte del disco.
Spalla decorata con ramo e foglioline a trattini. Disco circondato da due solchi e all'interno rosetta.
Simile ad un esemplare inedito dal santuario di Uadi Belgadir a Cirene.

108) Non inv. Tav.VII
Lungh.cm.3; largh.cm.7.
Argilla rossa.
Resta la parte posteriore.
Spalla decorata con ramo e foglioline. Ansa piena.
Vedi **La Lomia**, p.18, tav.IX c, inv.809, o p.17, tav.VIII d, inv.803 di produzione tripolina fra l'età costantiniana e l'ultimo venticinquennio del IV sec.d.C.
Non lontana da **Bailey VA,** p.53, tav.IX, nn.183-185 di IV sec.d.C.

109) Inv.T 71/71. Tav.VII
Lungh.cm.11,5; largh.cm.8; alt.cm.3,5/5.
Argilla rossa scura verniciata.
Manca un frammento del beccuccio.
Spalla decorata con trattini regolari che invadono anche la zona superiore del canale del beccuccio con bordi segnalati da incisioni profonde; nel disco corona di petali che parte da un cerchio inciso intorno al foro centrale. Ansa piena scanalata con due piccole incisioni laterali.
Potrebbe essere derivato da un tipo che si trova a Isthmia (**Lindros Wohl** pp.131-2, tav.35, n.23) e nella zona di Corinto del IV-inizio V sec.d.C. Simile a Antiochia (**Waagé** III, p.66, fig.79, n.147) ritenuta locale da modello importato. Anche se la parte centrale è diversa, è indubbia la vicinanza di forma con l'esemplare inv.n.13.690 del Museo di Alessandria

(**E.Breccia**, Le musée greco-romain au cours de l'année 1922-23, Alexandrie 1924; "lampes africaines", p.31,n.46, tav.XXVIII,1). E' vicino anche al tipo 6 di **A. Provoost** cit. pp. 27-29 con ampia bibl. prec. senza essere identico a nessuno dei quattro tipi elencati (fine IV sec. d. C.). Probabile esecuzione nord-africana.

110)   Inv.T 57 B. Tav.VII
Lungh.cm.8,5; largh.cm.7.
Argilla rossa.
Resta la parte superiore con spalla incompleta.
Disco ribassato con decorazione a cerchietti e spalla con trattini a goccia.
Senza confronti. Esemplari con cerchietti rilevati ma sulla spalla sono in **Walters,** p.199, pl. XXXVI, n.1330 da Efeso e p.192, fig.282, n.1272 da Cnido.

111)   Non inv. Tav.VII
Lungh.cm.10; largh.cm.7; alt.cm3,5/4,5.
Argilla rosa e vernice rossa.
Manca il lato sinistro e il fondo.
Spalla liscia con trattini paralleli ai lati; disco circondato da solco profondo e all'interno rosetta con quattordici (?) petali partenti da due cerchi concentrici intorno al foro centrale. Beccuccio fiancheggiato da solchi profondi.
Vedi **Broneer** Isthmia, p.77, tav.33, n.2996 e **Karivieri** p.234, tav. 21, n.240 della prima metà del V sec.d.C.

112)   Inv.540/62/9 - PR 67-6-19. Tav.VII
Lungh.cm.9,5; alt.cm.3,2.
Argilla rossa sigillata africana.
Manca l'ansa, il beccuccio e tutto il lato destro.
Spalla decorata con quadrifogli e cerchietti concentrici. Piede ad anello.
Stessa spalla di **Barbera-Petriaggi**, p.184, n.184; p.190, n.150; p.198, n.158; p.253, n.214; p.285, n.245; **Ennabli,** p.164, tav.XLI, n.771; **Gualandi Genito** Bologna, p.218, tav.76, n.590; p.219, tav.77, n.596; **Hayes**, Royal Ontario p.68, tav.34, n.288; **Lerat** p.30, tav.XXII, n.185; **Libertini**, p.286, tav.CXXVIII, n.1397 e **Sidi Krebisch** p.79ss., tav.15, tipo II (a) 32, n.554.
V sec.d.C.

113)   Inv. 67 /22/69b. Tav.VII
Lungh.cm.11,5; largh.cm.7,7; alt.cm.3,5/4.
Argilla rossa sigillata africana.
Manca il beccuccio.
Sulla spalla incorniciata da un listello palmette e foglioline cuoriformi poco chiare perché prodotte da matrice stanca: Nel disco ribassato leone che corre verso destra. Due fori. Ansa piena. Piccola base ad anello dalla quale parte un cordolo liscio che arriva all'ansa
Ennabli p.87, tav.XIV, n.290.; **Gualandi Genito** Bologna p.218, tav.76, n.590. **M.T. Paleani**, Le lucerne paleocristiane, Roma 1993, p. 67s., n.61; **Szentlelekey** p.125, n.232: stesso leone, ma motivi diversi sulla spalla. Per la spalla vedi **Barbera-Petriaggi** p.176, n.135; p.204, n.164; **Sidi Krebisch** p.84s. tav.17, tipo II (a) 35, n.597.
V sec.d.C.

114) Inv.T 72-504. Tav.VIII
Lungh.cm.8,7; largh.cm.4; alt.cm.3,7.
Argilla rossa sigillata africana.
Manca gran parte del corpo e il beccuccio.
Nella spalla borchie rotonde alternate a rombi. Nel disco quadrato entro rombo. Ansa piena.
Per il motivo centrale vedi: **Broneer** Corinth p.285, fig.202, n.1453; **Ennabli,** p.229,
tav.LXIII, n.1186; **Hayes,** Royal Ontario p.68, tav.34, n.289 (tipo II) di metà V sec.d.C.;
Libertini, p.287, tav.CXXVIII, n.1408; **Menzel** p.91, n.603, fig. 77,8. Per la spalla vedi
Barbero-Petriaggi p.193, n.153; p.266, n.227.

115) Inv.n. 9/ 27/605. Tav.VIII
Lungh.cm.8; larhg.cm.5.
Argilla camoscio.
Resta la spalla sinistra e parte del disco. Manca il fondo.
Spalla decorata con borchiette circolari Nel disco con due fori figura irriconoscibile.
Non lontana come gusto da **Broneer** Corinth p.291, tav.XXIII, n.1512. Simile a **Libertini**
p.294, tav.CXXIX, n.1474 (forse Hermes). V sec.d.C.

116) Non inv. Tav.VIII
Lungh.cm.10,5; largh.cm.6,3; alt.cm.3,2/4,2.
Argilla rosa bruciata.
Manca un frammento della spalla sinistra e la parte anteriore sinistra.
Cordonatura su ansa ad occhiello e spina di pesce su spalla. Nel disco con due fori
monogramma cruciforme. Il disco è separato dalla spalla da un bordino rilevato che
incornicia anche il foro sul beccuccio.
Simile a **Broneer** Corinth p.275, fig.196, n.1363 con ansa striata;a **Paleani,** Le lucerne
paleocristiane, p.51s., n.51 e ai nn.69-71 di Grottaferrata (**E.Fabbricotti,** Le lucerne antiche
dell'antiquarium della Badia di Grottaferrata, in Boll.Badia Greca di Grottaferrata
XXIII,1969, pp.28-29), ma con ansa piena.
Lucerne con il monogramma di Cristo sono frequentissime in età cristiana, ma non ho
.trovato confronti puntuali per l'ansa cordonata, salvo in **Broneer** Isthmia, tipo XXVIII C,
p.80, tav.34, n.3083 che è frammentaria

117) Inv.40/33/69/b.Tav. VIII
Lungh.cm.13,5; largh.cm.10,2; alt.cm.4/5,3.
Argilla rosa nocciola
Manca il piede, un frammento del beccuccio, del foro e dell'ansa. Decorazione poco chiara
proveniente da matrice stanca.
Forma espansa, con disco circolare concavo chiuso da doppio bordo, larga spalla con tratti
paralleli, rosetta nel disco. Beccuccio poco prominente e arrotondato.
Derivata forse dalla serie "tripolina" (**Hayes,** Late Roman Pottery, p.314) tipo I, **Joly** p.41ss.
tavv.XXXVIII-XLIV, nn.902-1003, ma meno raffinata e con disco più grande. Vedi anche
L.Anselmino, Ostia IV cit. pp.95-96.

118)   Inv.16/33/ 69/b. Tav.VIII
Lungh.cm.13; largh.cm.10; alt.cm.4/6.
Argilla rosa nocciola non verniciata.
Manca beccuccio.
Corpo piatto allungato con ansa piena, ampia spalla e disco piatto ovale collegato con il foro del beccuccio da un canale delimitato da un cordone a rilievo che circonda il disco.
Piede ad anello con costolatura verso l'ansa.
Il tipo può derivare dalla c.d. serie tripolitana (**J.W.Hayes**, Late Roman Pottery, London 1972, p. 314s, tipo II) e si confronta con una lucerna da Cipro di VI e VII sec.d.C. (**H.W.Catling-A.I.Dikigoropoulos**, The Kornos Cave: an early byzantine site in Cyprus, in Levant II, 1970, p.49, n.17, fig.14, tav.32B).Oltre a **Tocra,** (p.118, tav.53, nn.2565/66 e circa cento altri frammenti), se ne trovano anche a Tolemaide (**Kraeling** p.270, tav.LXII,D), **Sidi Krebish** p.167, tavv.XXV-XXXVI, tipo II (b) 31a, a partire dalla metà del VI sec.d.C. fino alla conquista araba, a Apollonia (Libya Antiqua XV-XVI. 1978-79. P.201, tav.LXVIIa) e altre inedite rinvenute nel palazzo tardo.
Ripercussioni del tipo si trovano anche nel continente greco, ad es. a   Atene (**Perlsweig**, p.198, nn.2927 e 2935), Corinto (**K.S.Garnet**, Late Roman Corinthian Lamps, *Hesperia* 44, 1975, pp.195-199; **Ch.K.Williams**, Corinth 1977, Forum Southwest, *Hesperia* 47, 1978, p.38, n.31), a Delo, (**Bruneau, p.143, n.471**), a Isthmia (**Broneer** p.81, tav.38, tipo XXXI), ma la forma è originaria del Nord-Africa. I tipi più tardi, chiamati "groove lamps" dal Petrie sono di età bizantina (**W.M.F.Petrie**, Roman Eshnaya, London 1905, p.9, tav.LXII).

119) Inv.102/4/69/b. Tav.VIII
Lungh.cm.16; largh.cm.11; alt.cm.4,2/6,5
Argilla rosa nocciola non verniciata.
Manca la parte interna del beccuccio.
Simile al precedente.

120) Inv.12/33/69/b. Tav.VIII
Lungh.cm.13,2; largh.cm.10; alt.cm.4/6
Argilla rosa nocciola non verniciata e con incrostazioni.
Manca il beccuccio e la superficie della spalla destra.
Simile al precedente, ma foro passante dell'ansa.

121) Inv.18/44/69/b.Tav.VIII
Lungh.cm.13,2; largh.cm.10,5; alt.cm.4/5,5.
Argilla rosa mattone scuro non depurata.
Manca un frammento della spalla sinistra e il beccuccio.
Simile al precedente.

122) Inv.37/33/69/b. Tav.VIII
Lungh.cm.10,5; largh.cm.10; alt.cm.3/5,2.
Argilla rosa nocciola non verniciata.
Manca il beccuccio e qualche frammento superficiale della spalla e intorno al foro.
Simile al precedente. Sotto al piede croce incisa.

123) Inv.72/33/69/b. Tav.VIII
    Lungh.cm.13; largh.cm.9,4; alt.cm.3/5,3.
    Argilla rosa nocciola.
    Manca il beccuccio.
    Simile al precedente, ma piede senza costolatura.

124) Inv.10/4/69/b. Tav.IX
    Lungh.cm.14; largh.cm.10; alt.cm.3,7.
    Argilla rosa nocciola bruciata.
    Manca ansa e frammento del beccuccio.
    Simile al precedente, con piede ad anello e costolatura.

125) Inv.19/33/69/b. Tav.IX
    Lungh.cm.15; largh.cm.10,5; alt.cm.4/5,1.
    Argilla grigio-nocciola.
    Manca il beccuccio e un frammento del disco.
    Simile al precedente.

126) Inv.T 62-506. Tav.IX
    Lungh. cons. cm.5; largh.cm.5,2; alt.cm.3,5/5,4.
    Argilla rosa nocciola.
    Resta solo la parte posteriore.
    Simile al precedente.

127) 9/68/7/5. Tav.IX
    Lungh.cm.14; largh.cm.10,3; alt.cm.3,8/4,8.
    Argilla rosa nocciola.
    Intera, ma restaurata.
    Simile al precedente.

128) Inv.T 62-21-33. Tav.IX
    Lungh.cm.13,5; largh.cm.10; alt.cm.3,7/4,7.
    Argilla rosa nocciola bruciata.
    Manca il beccuccio.
    Simile al precedente.

129) Inv.T 72-61-85. Tav.IX
    Lungh.cm.11; largh.cm.8,8; alt.cm.3,3/4,6.
    Argilla rosa nocciola.
    Manca il beccuccio.
    Simile al precedente, ma senza piede.

130) Non inv. Tav.IX
Lungh.cm.10; largh.cm.9; alt.cm.4,3/5,4
Argilla nocciola scura.
Manca il beccuccio.
Simile al precedente, ma con doppio bordo intorno al disco.

131) Inv.T 57-13. Tav.IX
Lungh cm.10,5; largh.cm.9,5; alt.cm.3,2/4,6.
Argilla nocciola.
Manca la parte anteriore e un frammento della spalla.

132) Inv.T 72-505 (non fotografato)
Lungh.cm.8; largh.cons.cm.5; alt.cm.3,5/4,8.
Argilla rosa nocciola.
Manca la parte posteriore.
Simile al precedente, ma senza piede.

133) Inv.T 57 C (non fotografato).
Piccolo frammento della parte posteriore di un tipo simile.

134) Inv.101/2/69/b. Tav.IX
Lungh.cm.12,5; largh.cm.9,5; alt.cm.4/5,2.
Argilla rosa nocciola. Manca l'estremità del beccuccio. Superficie abrasa.
Simile al precedente, con piede ad anello con costolatura.

135) Inv.21/33/69/b. Tav.X
Lungh.cm.12; largh.cm.10; alt.cm.4,5/5,1.
Argilla rosa mattone e superficie incrostata.
Manca la parte anteriore sinistra, il beccuccio e un frammento dell'ansa.
Simile al precedente con piede piatto e due costolature.

136) Inv.13/ 33/66/b- PR 67-6-34. Tav.X
Lungh.cm.12,2; largh.cm.9,5; alt.cm.4/5,8.
Argilla nocciola bruciata.
Manca il beccuccio e un frammento del corpo.
Simile al precedente, con piede ad anello.

137) Inv.2/33/69/b. Tav.X
Lungh.cm.12,5; largh.cm.10; alt.cm.4,5/5,6.
Argilla rosa nocciola.
Manca il beccuccio.
Simile al precedente.

138) Inv.59/ 33/69/b. Tav.X
Lungh.cm.12,7; largh.cm.10; alt.cm.4,3/6.
Argilla rosa.
Manca l'estremità del beccuccio.
Simile al precedente.

139) Inv.200/33/69/b. Tav.X
Lungh.cm.12,7; largh.cm.9,5; alt.cm.4/5,4.
Argilla nocciola con incrostazioni.
Manca il beccuccio e un frammento del disco.
Simile al precedente, con piede ad anello e costolature.

140) Inv.11/33/69/b. Tav.X
Lungh.cm.13; largh.cm.9; alt.cm.3,5.
Argilla rosa nocciola sbrecciata.
Manca l'ansa e un frammento del beccuccio.
Simile al precedente.

141) Inv. PR 67-6-41. Tav.X
Lungh.cm.11,6; largh.cm.10; alt.cm.3,9/5.
Argilla rosa-grigia.
Manca il beccuccio e un frammento dell'ansa.
Simile al precedente.

142) Non inv. Tav.X
Lungh.cm.10; largh.cm.8,8; alt.cm.3,2/4,5.
Argilla chiara nocciola.
Manca il beccuccio.
Simile al precedente con piede ad anello e costolatura a croce.

143) Inv.61/33/67/b. Tav.X
Lungh.cm.12; largh.cm.10,5; alt.cm.4/5.
Argilla rosa nocciola.
Manca il beccuccio e un frammento del disco.
Simile al precedente con l'aggiunta di almeno tre perline all'attacco del canale del beccuccio.

144) Inv.62/33/69/b. Tav.XI
Lungh.cm.12,5; largh.cm.9,5; alt.cm.3,2/5,2.
Argilla nocciola.
Manca il beccuccio e la parte anteriore del corpo.
Simile al precedente con doppia costolatura intorno al foro centrale.

145) Non inv. Tav.XI
Lungh.cm.12,7; largh.cm.10,3; alt.cm.4/4,9.
Argilla nocciola bruciata.
Manca beccuccio e un frammento vicino al foro centrale.
Simile al precedente con piede ad anello e quattro perline sotto il foro.

146) Inv.60/33/69/b. Tav.XI
Lungh.cm.12,7; largh.cm.10,4; alt.cm.4.
Argilla rosa nocciola.
Manca il beccuccio.
Simile al precedente, con gruppo di perline vicino all'ansa e una fila di perline sulla spalla lungo la costolatura.
Simile a **Sidi Krebish** pp.170-171, n.1203ss. (VI-VII sec.d.C.).

147) Inv.56/33/69/b. Tav.XI
Lungh.cm.13,5; largh.cm.10,5; alt.cm.4/5,5.
Argilla rosa nocciola impura.
Manca il beccuccio.
Simile al precedente con una fila di perline ai lati della costolatura. Piede ad anello, croce e costolatura.

148) Inv.57/33/69/b. Tav.XI
Lungh.cm.12,2; largh.cm.10; alt.cm.3,6/4,5
Argilla rosa mattone porosa.
Manca il beccuccio.
Simile al precedente, con una fila di perline ai lati del bordo, quattro perline intorno al foro centrale e tre nel canale prima del beccuccio.

149) Inv.45/33/69/b. Tav.XI
Lungh.cm.13; largh.cm.10,6; alt.cm.5/5,9.
Argilla rosa mattone impura.
Manca il beccuccio.
Simile al precedente con due gruppi di quattro perline sulla spalla. Piede ad anello.

150) Inv.42/33/69/b. Tav.XI
Lungh.cm.11; largh.cm.10; alt.cm.4/5.
Argilla rosa.
Manca la parte anteriore con il beccuccio.
Simile al precedente, ma con forma meno ovale e più arrotondata. Un giro di perline all'interno e all'esterno del bordo rilevato. Piede ad anello e costolatura.

151) Non inv. e non fotografato.
Frammento di argilla rosa: spalla con una fila di perline.

152) Non inv. Tav.XI
Lungh.cm.12,5; largh.cm.10; alt.cm.4,3/6.
Argilla nocciola con incrostazioni.
Manca il beccuccio e un frammento anteriore della base e del corpo.
Simile al precedente, ma senza perline. Base ad anello e costolatura.

153) Non inv. Tav.XI
Lungh.cm.12,5; largh.cm.8,4; alt.cm.3,6/5,2.
Argilla nocciola.
Manca il beccuccio e un frammento della spalla.
Simile al precedente ma con foro di sfiato lungo il canale, perline intorno al foro centrale, piede ad anello e sotto ancora (?).

154) Inv.44/20/69/b. Tav.XII
Lungh.cm.12; largh.cm.10,2; alt.cm.3,8.
Argilla nocciola bruciata ed incrostata.
Manca l'ansa, un frammento del corpo e il beccuccio.
Simile al precedente, ma senza perlinature. Due fori nel disco. Piede ad anello

155) Inv.316/72/997/b. Tav.XII
Lungh.cons.cm.7,5; largh. ricostruita cm.8,8; alt. cm.2,8.
Argilla rosa nocciola.
Resta la parte mediana del corpo.
Simile al precedente. Sulla spalla trattini paralleli: a metà un cerchietto con croce e verso il beccuccio stella ad asterisco. Piede ad anello.

156) Inv.996/316/72/b. Tav.XII
Lungh.cm.13; largh.cm.9,2; alt.cm.3,9.
Argilla nocciola.
Manca la parte sinistra e il beccuccio.
Simile al precedente. Sulla spalla trattini terminanti in perline e perline anche lungo l'attacco dell'ansa e nel disco verso l'attacco del beccuccio.

157) Inv.996/316/72/b. Tav.XII
Lungh.cm.10,5; largh.cm.9; alt.cm.3,5/4,3.
Argilla rossa.
Manca un frammento del fondo, la parte sinistra e il beccuccio.
Simile al precedente. Sulla spalla trattini terminanti in perline. Nel disco fila di perline e al centro un tratto orizzontale due obliqui:
Piede ad anello e costolature.

158) Non inv. Tav.XII
Lungh.cm.12; largh.cm.10; alt.cm.3,5/5.
Argilla nocciola.
Manca la parte anteriore destra con il beccuccio.
Simile al precedente, con quattro perline a rombo nel disco e due ai lati sulla spalla. Piede ad anello e costolatura

159) Inv. PR 6/76.23. Tav.XII
Lungh.cm.11,5; largh.cm.9,5; alt.cm.4/6.
Argilla rosa nocciola.
Manca il beccuccio.
Simile al precedente. Spalla decorata con zig-zag irregolari. Croce nel disco.

160) Inv. 71/33/69/b. Tav.XII
Lungh.cm.14; largh.cm.10; alt.cm.3,5/4.
Argilla nocciola bruciata.
Manca un frammento del disco e del beccuccio.
Simile al precedente. Doppia costolatura intorno al foro e spalla decorata con zig-zag e perline: ⋮∧⋮∧∧⋮

161) Inv.49/33/69/b. Tav.XII
Lungh.cm.12,5; largh.cm.9,5; alt.cm.3,5/5,5.
Argilla nocciola chiara.
Manca parte della spalla, del bordo e il beccuccio.
Simile al precedente con perline sparse nel disco. Anello a piede e costolatura.

162) Inv.42/ 33/69/b. Tav.XII
Lungh.cm.11,5; largh.cm.10; alt.cm.3,5/5.
Argilla rosa nocciola.
Manca il beccuccio.
Simile al precedente con decorazione poco chiara sulla spalla, tre perline a triangolo sotto il foro centrale. Piede ad anello

163) Inv.14/33/69/b. Tav.XIII
Lungh.cm.14,7; largh.cm.10; alt.cm.4/4,5.
Argilla rosa mattone bruciata.
Manca un piccolo frammento del beccuccio.
Simile al precedente. Spalla con decorazione a zig-zag e perline come nel n.160.
Piede ad anello e costolatura.

164) Non inv. e non fotografato.
Frammento di spalla liscia.

165) Non inv. Tav.XIII
Lungh.cm.12,2; largh.cm.9,5; alt.cm.3,8/5,8.
Argilla nocciola.
Manca il beccuccio.
Tipo simile al precedente. Spalla con due file di perline. Piede ad anello.
Kraeling tav.LXII D.

166) Inv T 70-558. Tav.XIII
Lungh.cm.12; largh.cm.9; alt.cm.3,8/4,3.
Argilla nocciola.
Manca il beccuccio.
Simile al precedente. Spalla con zig-zag e puntini come nei nn.160 e 163. Doppia costolatura intorno al disco.

167) Inv.72-516. Tav.XIII
Lungh.cm.13; largh.cm.10,3; alt.cm.4/5,5.
Argilla rosa nocciola.
Manca il beccuccio.
Simile al precedente. Due file di perline sulla spalla, una nel disco e sopra il foro il segno come nel n.157. Piede ad anello.

168) Non inv. Tav.XIII
Lungh.cm.12; largh.cm.9; alt.cm.3,2/4,6.
Argilla rosa nocciola.
Manca l'ansa e il beccuccio.
Tipo simile al precedente. Sulla spalla trattini terminanti con perline. Nel disco perline a raggiera e tre rametti con perline finali. Doppio bordo intorno al disco. Piede piatto e costolatura.

169) Inv.T 71-49. Tav.XIII
Lungh.cm.10,5; largh.cm.9; alt.cm.3,3/5,3.
Argilla nocciola.
Manca la parte anteriore.
Tipo simile al precedente. Spalla con archetti e perline. Disco con due fori circondato da doppia costolatura. Piede ad anello e croce.

170) Inv.519/72/b. Tav.XIII
Lungh.cm.12; largh. ricostruita cm.7; alt.cm.4/5,6.
Argilla nocciola.
Manca la metà destra. e il beccuccio.
Tipo simile al precedente. Spalla liscia e tre perline verticali nel disco tra il foro centrale e quello del beccuccio. Piede ad anello e costolatura.
Altri due frammenti non fotografati.

171) Inv.4/33/69/b. Tav.XIII
Lungh.cm.14,7; largh.cm.10; alt.cm.4/4,5.
Argilla rosa mattone bruciata.
Manca un frammento del beccuccio.
Tipo simile al precedente con forma più espansa. Spalla con tratti obliqui; disco rotondo con doppio bordo e fila di perline tra i due bordi. All'interno giro di perline e rosa a quattro petali o croce con braccia dalle estremità allargate. Piede ad anello e costolatura.

172) Inv.925/74/b. Tav.XIII
Lungh.cm.15; largh.cm.10; alt. cm.4/5,3.
Argilla rosa mattone bruciata.
Intera.
Tipo simile al precedente. Spalla con due file di perline, disco con il segno: sopra il foro e giro di perline. Piede ad anello e costolatura.

173) Inv.6/33/69/b. Tav.XIV
Lungh.cm.12; largh.cm.9,6; alt.cm.3,7/4,5.
Argilla rosa mattone. Manca beccuccio.
Tipo simile al precedente. Spalla liscia e nel disco:
Piede ad anello e costolatura con rami.

174) Inv.1/33/69/b. Tav.XIV
Lungh.cm.13; largh.cm.9,7; alt.cm.4/5,5.
Argilla nocciola.
Manca il beccuccio.
Tipo simile al precedente. Sulla spalla trattini terminanti con perline. Entro il disco con doppia costolatura croce o quattro petali con file di tre o quattro perline in diagonale tra i petali o i bracci della croce.

175) Inv.17/33/69/b. Tav.XIV
Lungh.cm.11; largh.cm.9; alt.cm.4/5.
Argilla rosa nocciola.
Manca il beccuccio, un frammento dell'ansa e due frammenti della spalla.
Tipo simile al precedente. Una fila di trattini sulla spalla, doppia costolatura intorno al disco e all'interno un giro di perline. Fondo non lavorato.

176) Inv.21/33/69/b. Tav.XIV
Lungh.cm.11,8; largh.cm.8,7; alt.cm.3,2/4,5.
Argilla rosa nocciola.
Manca il beccuccio e un frammento dell'ansa.
Tipo simile al precedente. Spalla con trattini verticali. Disco con doppia costolatura e all'interno croce e due fori. Piede ad anello.
Simile a **Kraeling** tav.LXII D e a **Tocra** II, tav.53, nn.2567-68.

177)   Inv. 103/3/69/b. Tav.XIV
Lungh.cm.12; largh.cm.8,5; alt.cm.3/3,8.
Argilla nocciola.
Manca un frammento dell'ansa e il beccuccio.
Tipo simile al precedente. Spalla liscia. Tratto a rilievo verticale nel disco che ha due fori.
Piede ad anello semplice e costolatura molto evidenziata.

178)   Inv.48/77/69/b. Tav.XIV
Lungh.cm.12; largh.cm.9,2; alt.cm.2,6/3,5.
Argilla nocciola. Manca il beccuccio.
Tipo simile al precedente. Spalla decorata a matrice con trattini, cerchietti, stelle, alberi
stilizzati ed elementi ad S. Disco liscio con due fori. Piede ad anello con costolatura.

179)   Non inv. Tav.XIV
Lungh.cm.13,3; largh.cm.9,7; alt.cm.3,5/4,5.
Argilla rosa chiara.
Manca il beccuccio.
Tipo simile al precedente. Fila di rade perline sulla spalla e nel disco con due fori, quattro
perline intorno al foro superiore. Piede ad anello e costolatura.

180)   Inv.47/33/69/b. Tacv.XIV
Lungh.cm.13; largh.cm.10,4; alt.cm.3,4 (cons.).
Argilla rosa nocciola.
Manca il beccuccio e l'ansa.
Tipo simile al precedente. Spalla liscia e disco con due fori. Piede ad anello e doppia
costolatura.

181)   Inv.74/33/69/b. Tav.XIV
Lungh.cm.13; largh.cm.10; alt.cm.4/5,5.
Argilla nocciola.
Manca il beccuccio.
Tipo simile al precedente. Sulla spalla zig zag e intorno alla costolatura giro di perline. Disco
liscio con due fori. Piede ad anello e costolatura.

182)   Inv.17/77/69/b. Tav.XV
Lungh.cm.14; largh.cm.9,5; alt.cm.3/32(cons.)
Argilla rosa.
Manca un frammento della spalla e dell'ansa.
Tipo simile al precedente. Spalla con rametto stilizzato. Nel disco con due fori croce.
Piede ad anello e costolatura.

183) Inv.75/33/69/b. Tav.XV
Lungh.cm.12,3; largh.cm.9; alt.cm.3/4,5.
Argilla nocciola chiara.
Manca l'estremità del beccuccio.
Tipo simile al precedente. Spalla liscia e disco con due fori. Piede ad anello.

184) Inv.105/4/69/b. Tav.XV
Lungh.cm.13,5; largh.cm.9; alt.cm.4/5.
Argilla rosa nocciola bruciata.
Manca il beccuccio.
Tipo simile al precedente. Spalla liscia e nel disco con due fori, giro di perline intorno al foro superiore e due segni irriconoscibili. Piede ad anello.

185) Inv.10/33/69/b. Tav.XV
Lungh.cm.11,5; largh.cm.8,2; alt.cm.3.
Argilla rosa nocciola bruciata.
Manca l'ansa e il beccuccio compresa una parte della spalla posteriore.
Tipo simile al precedente. Spalla liscia. Disco con due fori e croce con estremità biforcute. Piede ad anello.

186) Inv.3/33/69/b. PR 67-6-62. Tav.XV a-b
Lungh.cm.11,5; largh.cm.9,5; alt.cm.4.
Argilla rosa nocciola.
Manca un frammento della spalla, il beccuccio e l'ansa.
Tipo simile al precedente. Spalla liscia e nel disco due croci e una fila di perline intorno al foro. Piede ad anello e nella parte sotto l'ansa una croce rilevata.

187) Inv.46/33/69/b. Tav.XV
Lungh.cm.11,5; largh.cm.9,5; alt.cm.4.
Argilla rosa nocciola.
Manca l'ansa e il beccuccio.
Tipo simile al precedente. Spalla liscia, doppio bordo intorno al disco e all'interno croce.

188) Non inv. Tav.XV
Lungh.cm.12,5; largh.cm.9,5; alt. cm.4/5.
Argilla rosa mattone con incrostazioni.
Manca un frammento della spalla e il beccuccio.
Tipo simile al precedente. Spalla liscia. Nel disco, sotto il foro, una croce. Piede ad anello e croce.

189) Inv.64/33/69/b. Tav.XV
Lungh.cm.12; largh.cm.9,5; alt.cm.3/5.
Argilla nocciola.
Manca una parte del corpo e il beccuccio.
Tipo simile al precedente. Spalla liscia e doppio bordo intorno al disco. Piede ad anello.

190) Inv.30/33/69/b. Tav.XVI
Lungh.cm.11,5; largh.cm.9; alt.cm.4,5/5,3.
Argilla nocciola chiara.
Manca il beccuccio.
Tipo simile al precedente. Spalla con doppia fila di perline. Disco liscio. Senza piede.
Forse **Kraeling** tav.LXII D.

191) Non inv. Tav.XVI
Lungh.cm.13; largh.cm.10.
Argilla nocciola scuro.
Resta solo la parte superiore, mancante di ansa e di beccuccio.
Tipo simile al precedente. Spalla con doppia fila di perline. Disco con una fila di perline e due tratti rilevati congiunti da un tratto obliquo interrotto dal foro.

192) Inv. 65/37/69/b. Tav.XVI
Lungh.cm.10,2; largh.cm.7,7; alt.cm.3/4,5.
Argilla rosa.
Manca un frammento dell'ansa e il beccuccio.
Tipo con spalla che si incontra a spigolo con la parte inferiore del corpo, decorata con perline e un ramoscello stilizzato. Piede piatto.

193) Non inv. Tav.XVI
Lungh.cm.11,5; largh.cm.8,5; alt.cm.3,6/4,5.
Argilla rosa.
Manca il beccuccio.
Tipo con alto corpo e spalla decorata a trattini verticali paralleli, disco contornato da doppia costolatura. Piede piatto.

194) Non inv. Tav.XVI
Lungh.cm.9; largh.cm.7,5; alt.cm.3,5/4,4.
Argilla nocciola con incrostazioni.
Beccuccio bruciato.
Forma rotonda con spalla decrescente e disco concavo liscio. Ansa piena appuntita. Piede piatto non differenziato.
Vedi **Sidi Krebish** p.171, tavv.XXXVII-XXXVIII, tipo II (b) 34: lucerne islamiche fatte a tornio; p.172, n.1242ss. (VII sec. ed oltre). Vedi anche **P.Hellstroem**, Labraunda II,1, Pottery of Classical and later date. Terracotta lamps and Glass, Lund 1965, p.50 e p.82, nn.50-62. Simile, ma con ansa a nastro forata in **M.L.Bernhard**, Lampki Starozytne, Warszawa 1955, p.348, tav.CXXIII, n.393 (VI-VII sec.d.C.).
Kraeling tav.LXIII A.

195) Inv.555/ 72/b. Tav.XVI
Lungh.cm.8,7; largh.cm.8,2; alt.cm.2,6/3,9.
Argilla nocciola.
Manca il beccuccio.
Simile al precedente. Piede piccolo e basso.

196) Inv.53/33/67/b. Tav.XVI
Lungh.cm.8,5; largh.cm.7,5; alt.cm.4,2/5,3.
Argilla rosa impura.
Manca il beccuccio.
Simile al precedente. Piede piatto non differenziato.

197) Inv.67/71/b. Tav.XVI
Lungh.cm.10,5; largh.cm.6,5.
Argilla rosa.
Manca il fondo e parte del lato destro.
Simile al precedente. Beccuccio a punta.

198) Inv.108/4/69/b. Tav.XVI
Lungh.cm.8; largh.cm.7; alt.cm.3,5.
Argilla nocciola.
Manca il beccuccio.
Simile al precedente. Piedino leggermente differenziato.

199) Non inv. Tav.XVI
Lungh.cm.9; largh.cm.7,2; alt.cm.3,2/4,6.
Argilla rosa scura.
Manca il beccuccio.
Simile al precedente.

200) Inv.66/44/69/b. Tav.XVII
Lungh.cm.8,2; largh.cm.6,7; alt.cm.3/4.
Manca il beccuccio.
Simile al precedente.

201) Inv.292. Tav.XVII
Lungh.cm.7,8; largh.cm.7,8; alt.cm.3,6/5.
Argilla nocciola.
Manca il beccuccio.
Simile al precedente.

202) Inv.39/33/69/b. Tav.XII
Lungh.cm.9,5; largh.cm.7,5; alt.cm.3,2/4,5.
Argilla rosa mattone.
Manca il beccuccio.
Simile al precedente.

203) Inv.57/33/69/b. Tav.XVII
Lungh.cm.9; largh.cm.7; alt.cm.3/4,3.
Argilla nocciola.
Manca il beccuccio.
Simile al precedente.

204) Inv.60/33/69/b. Tav.XVII
Lungh.cm.9,5; largh.cm.7,5; alt.cm.3/5.
Argilla nocciola.
Manca gran parte del corpo e il beccuccio.
Simile al precedente.

205) Inv.38/33/69/b. Tav.XVII
Lungh.cm.9,5; largh.cm.8; alt.cm.3,5/5,2.
Argilla nocciola.
Manca il beccuccio.
Simile al precedente.

206) Inv.41/33/69/b. Tav.XVII
Lungh.cm.11,5; largh.cm.11; alt.cm.5.
Argilla rosa nocciola.
Manca l'ansa e il beccuccio.
Simile al precedente in proporzioni maggiori. Disco ben delimitato.
Vedi **Oziol**, p.288ss. tav.48, n.885 (bizantine fatte a tornio e con ansa a nastro, chiamate "lampes des Croisades" di VII-X sec.d.C.); **Antiochia** III, p.68; **Kennedy** tipo 25 provenienti dalla Palestina (XI e XII sec.d.C.).

207) Inv.7/33/69/b. Tav.XVII
Lungh.cm.11,5; largh.cm.11; alt.cm.4,5/5,5.
Argilla rosa nocciola.
Manca un frammento della spalla e del disco e il beccuccio.
Simile al precedente.

208) Non inv. Tav.XVIII
Lungh.cm.8; largh.cm.5; alt.cm.6.
Argilla nocciola e invetriatura verde.
Manca l'ansa e il beccuccio.
Corpo chiuso con collo svasato e grande bordo che si attaccava all'ansa ad occhiello posteriore. Senza piede.
Vedi per il tipo **Menzel** p.104, fig.85,10, n.661 molto simile ed ugualmente invetriata, ma con piedino (araba dal VI sec.d.C. in poi) e **P.Romanelli**, Scavi e scoperte a Tripoli, in Notiziario Archeologico III, 1922, p.108, fig,12. .

209) Inv. T 57 B. TAV.XVIII
Lungh.cm.7,5; diam.base cm.5,3; alt.tot.am7,5; alt. collo cm.4.
Argilla nocciola bruciata.
Manca parte del collo, l'ansa e il beccuccio.
Simile al precedente, ma senza invetriatura.

210) Non inv. Tav.XVIII
Lungh.cm.7; largh.cm.4; alt.cm.4,2.
Impasto ghiaioso.
Manca l'ansa e l'estremità del beccuccio.
Corpo quasi globulare chiuso con collo a bordo dritto. Lungo beccuccio aperto. Senza piede.

Seguono poi due lucerne figurate alessandrine :

211) Non inv. Tav.XIX
Alt.cm.9,2; largh.cm.8.
Argilla alessandrina.
Manca gran parte del corpo e la testa.
Figura maschile probabilmente seduta con ansa ad occhiello dietro il collo.
Vi è un esemplare simile non appartenente ad una lucerna al Museo di Alessandria con grande naso, bocca semiaperta ed occhi stretti ed allungati che ha presa posteriore (**E.Breccia**, Terrecotte greco-egizie del Museo di Alessandria II, Bergamo 1934, p.52, tav.XCI, n. 473).

212) Inv. T 72-507. Tav.XIX
Lungh.cm.9.
Argilla alessandrina
Manca gran parte del corpo.
Pesce con occhio delineato. Ansa ad occhiello verticale sulla testa e dietro foro per l'immissione dell'olio.
Simile a **Bailey** IV, p.14, tav.10, n.Q3566 (di I-II sec.d.C.) che potrebbe suggerire la forma mancante della coda. Vedi anche p. 18, tav.17, nn.Q3590 e 3591.

English Resumé.

Nearly twenty years ago, the lamps published here were kept in the storerooms of Tolmeita Museum. Following various robberies in the Museum, they are know kept safe, hopefully, in a sealed deposit room in which the Director has decided to close permanently doors and windows. It has been impossible for me to check them, draw the profiles and take better photographs. Despite this drawback I have decided to publish them anyway, knowing that the Catalogue will be in a way imperfect.

The chronology of the lamps goes from the 5th century .B.C. to the late Byzantine or Arabic period (and may be later). The first examples, being earlier than the city itself, were found near El-Merj which was the main town in the area, and Tocra first and then Tolmeita, its ports. At the time of the foundation of the town of Tolmeita (probably during the 3rd century .B.C.), the lamps are influenced by the Greek types Howland 25 and 32/34 made locally, either at Tolmeita itself or at Benghazi, where many similar examples were found in the excavations of Sidi Krebish published by D.Bailey in *Libya Antiqua* Supplement V, 1985.

During the 1st and 2nd cent.a.C. some lamps are similar to types made in the eastern part of the Mediterranean sea , Crete and Cnidus, only one may be Egyptian (and it is not sure) and many were imported from Italy (some from very poor moulds), and frequently copied locally. Only three have a signature, one of which is not at all understandable. Of the other two, one is from the well-known atelier of Romanesis, the other is signed φιλοχενου who is unknown. Not every type of roman lamps is represented at Tolmeita or Sidi Krebish, and even some of the most commune did not travel to Libya.

The biggest group belongs to the last period of life in the city and was certainly made locally; it is similar to the contemporary type called "Tripolitan", but lacks its elegance and is more simplified.

The inventory number does not help much in the research for the provenance, because it was written on the lamps many years after they were found, so only of the few examples published by G.Pesce in his book on "Il

Palazzo delle Colonne in Tolemaide di Cirenaica", Roma 1950, p.90 and figg.105/106 (now lost) and by C.H.Kraeling, in "Ptolemais, city of the Libyan Pentapolis", Chicago 1962, we know where they were found.
For comparisons I have followed mainly the Catalogue of R.H.Howland, The Athenian Agora IV, Greek lamps and its survivals, Princeton 1958 and the recent volumes of Donald Bailey on the lamps of the British Museum and of course, primarily that on the lamps of Sidi Krebish.

Some types are very well known and do not need many comparisons, for the less common ones, I have tried to point out some details which may help in the identification of the atelier or at least of the site of production. In general, the lamps at Tolmeita are not extremely rare and the types chosen for their discus-decoration were copied from simple patterns like the ones with animals, rosettes, etc. Seven of them represent gladiators and they may refer to the amphitheatre of the city and its representations. Only one with Orpheus playing the lira among animals is influenced by a more complex prototype, probably a Greek painting which was copied also in mosaics.

When I took the photographs of the lamps at Tolmeita, I did not realize that they would be published; they were supposed to be used only for study. I was hoping to go back and take better ones and also to draw the shapes and the details; this was not possible, so I apologize for the poor plates which only thanks to Dr. V. Tordone, photographer of my Department at the University of Chieti, have been improved and made understandable.

I dati statistici

1.Cronologia generale delle Lucerne di Tolemaide

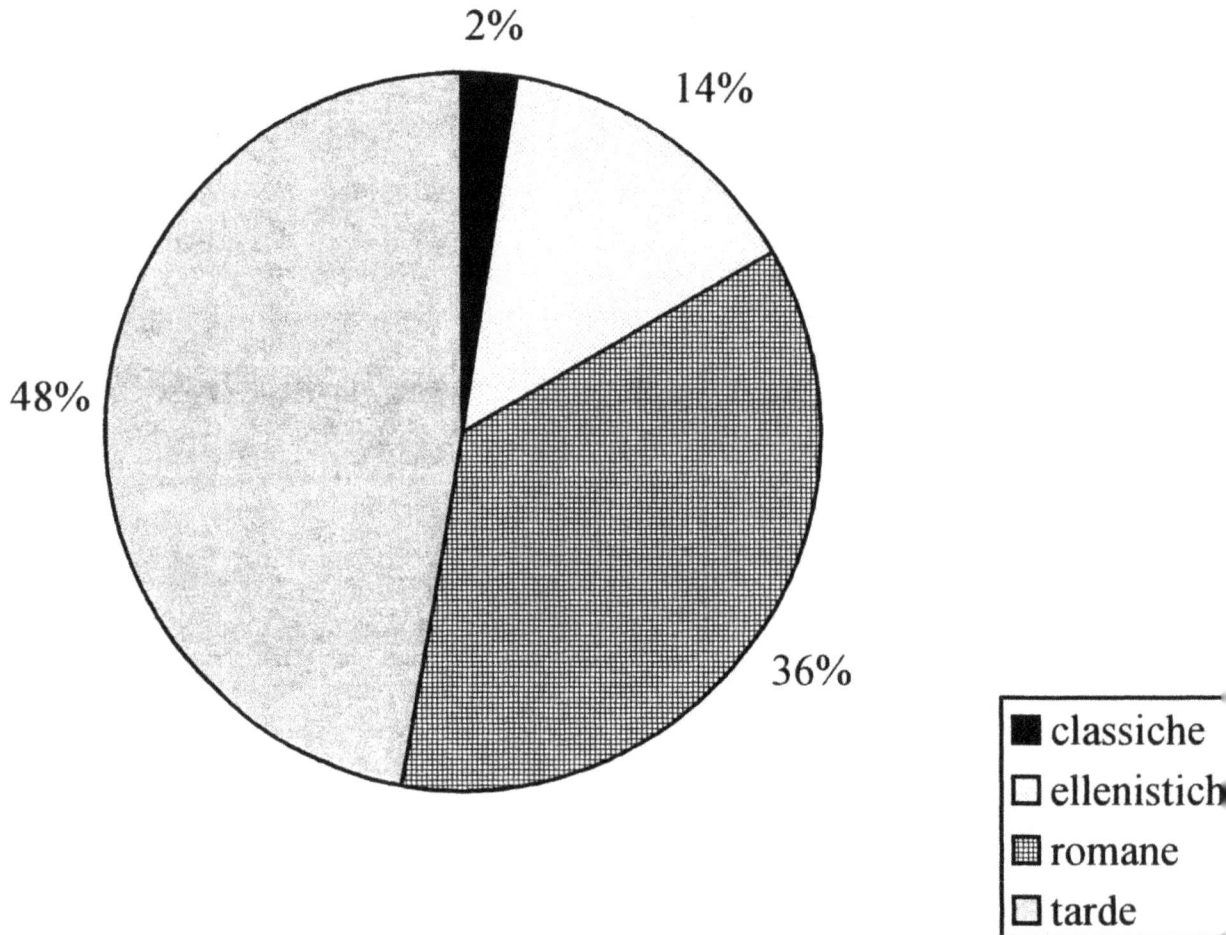

2%

14%

48%

36%

■ classiche
□ ellenistich
▦ romane
□ tarde

I dati statistici su un campione di più di 200 lucerne sono certamente indicativi della vita stessa della città. La scarsissima presenza di lucerne di età classica, tutte di importazione dai centri di produzione dell'Attica, è ovviamente determinata dal fatto che Tolemaide rimane una città di fondazione ellenistica, per cui molto più frequenti sono gli esemplari ascrivibili a questa fase. Numerose e molto varie, sia dal punto di vista tipologico sia per quanto riguarda i centri di produzione, sono le lucerne di età romana, che rappresentano il 36%, attestando per questo centro anche una fase di sviluppo, probabilmente sia economico che urbanistico. Particolarmente numerose, ben il 48%, sono le lucerne di età tardoromana e bizantina, indice anche del momento di ricchezza che questa città si trovò a vivere in questo momento, ben testimoniato anche dalla costruzione nella città di nuovi monumenti e restauri di edifici. Nei prossimi grafici invece si entrerà nel dettaglio dei vari periodi per analizzare variazioni statistiche in un arco cronologico più ristretto.

2. I dati per l'età Classica ed ellenistica

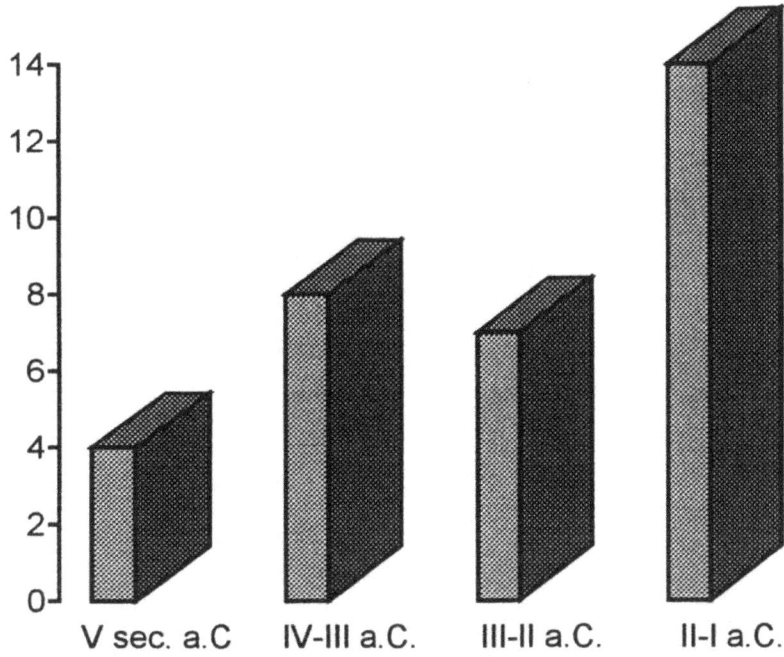

3. I dati per l'età Romana

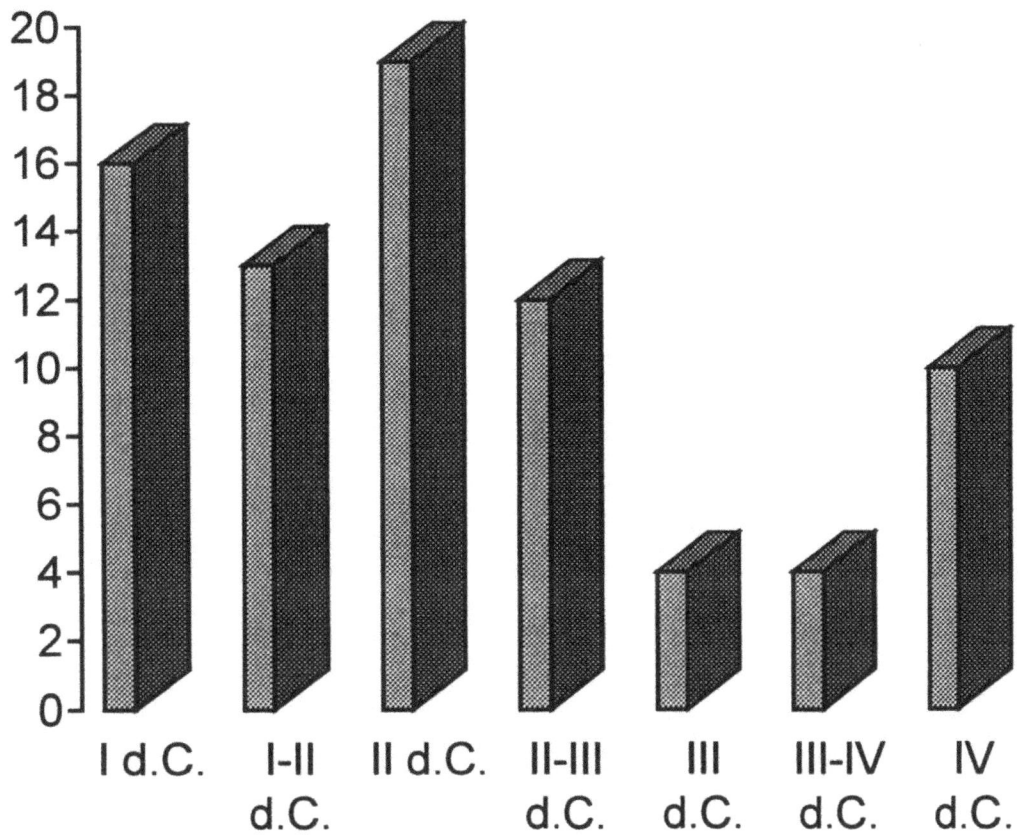

4. I dati per età tarda

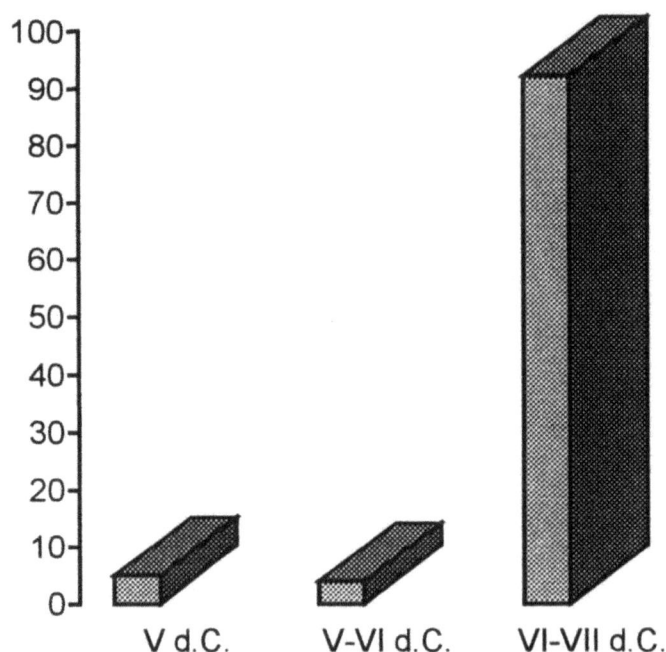

Particolarmente interessante per queste lucerne di età più tarda è la grande quantità di materiali che datano al periodo VI-VII sec.d.C. e che segnano certamente un momento particolare per la città stessa. Come già accennato nell'introduzione la produzione di tali esemplari è quasi esclusivamente cirenaica, anche se derivante da esempi dell'area tripolina. Si tratterebbe di produzioni di ateliers locali di carattere certamente artigianale e senza particolari doti artistiche, come si è potuto constatare dalla poca raffinatezza dell'argilla, dalle decorazioni a volte grossolane e dalla standardizzazione dei tipi. Per una più chiara visuale delle provenienze in questo periodo si veda il grafico qui di seguito.

5. Età tarda: importazioni e produzioni locali

Tavole

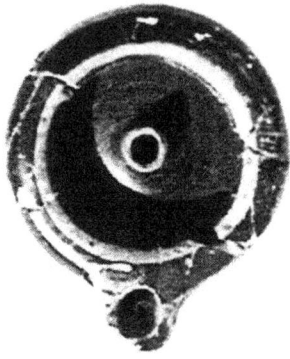

1

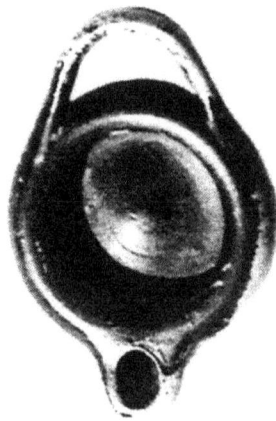

2

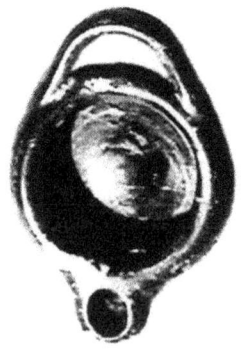

3

4

5

6

7

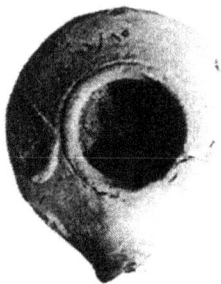

8

9

10

11

12

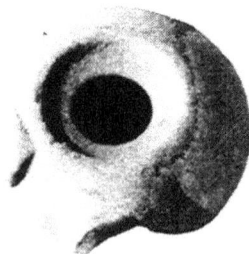

13

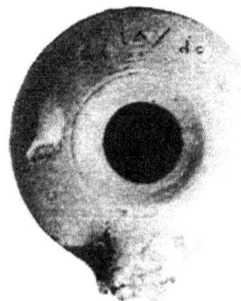

14

15

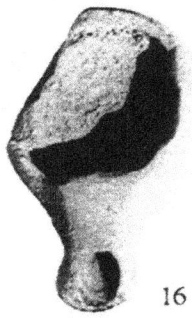
16

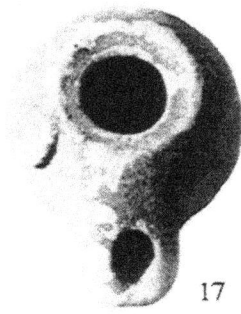
17

18

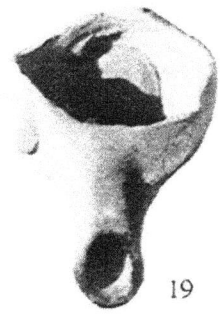
19

20

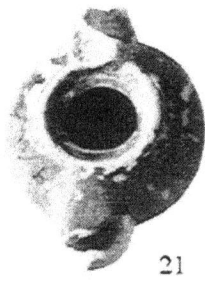
21

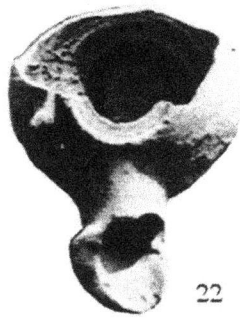
22

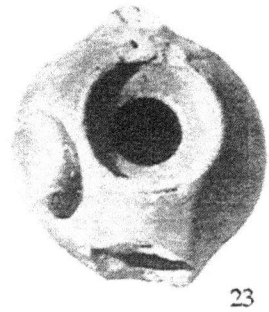
23

24

25

26

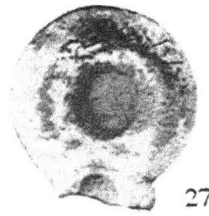
27

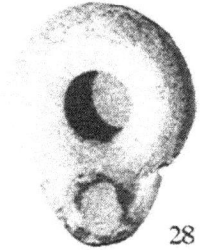
28

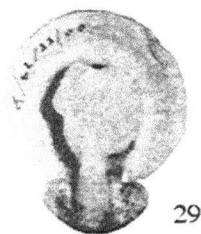
29

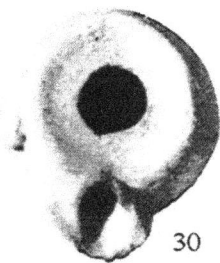
30

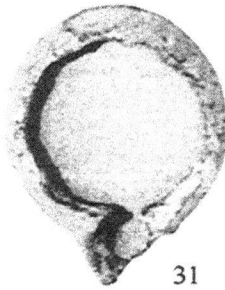
31

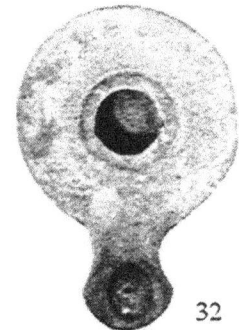
32

33

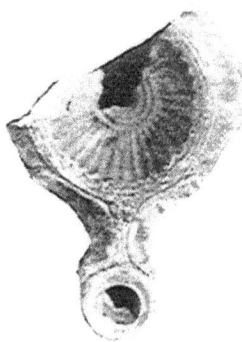

34

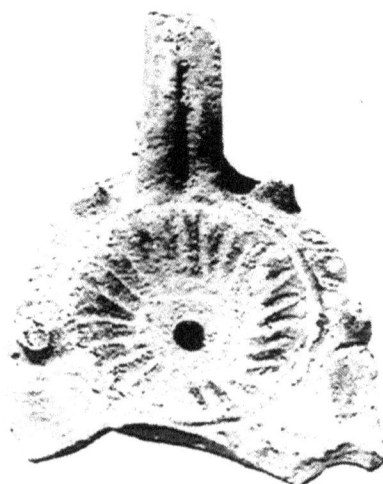

35

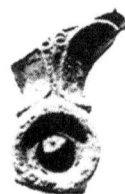

36

37

38

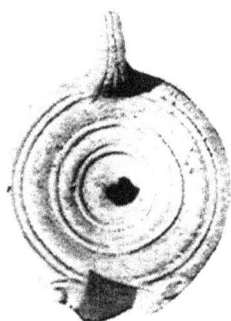

39

40

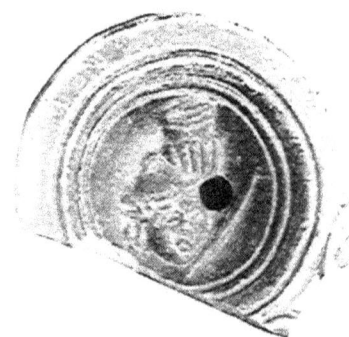

41

42

43

44

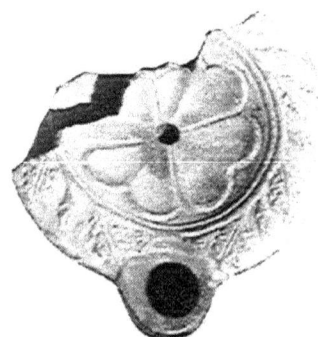

45

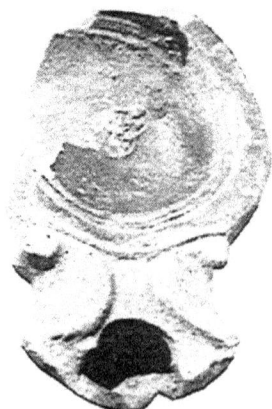

46

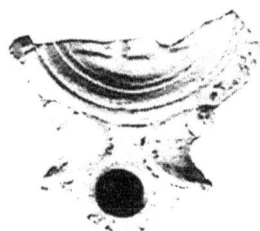

47

48

49

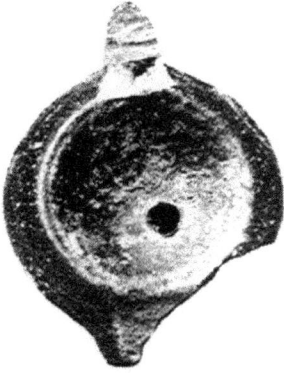

50

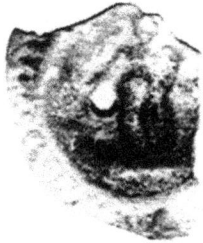

51

52

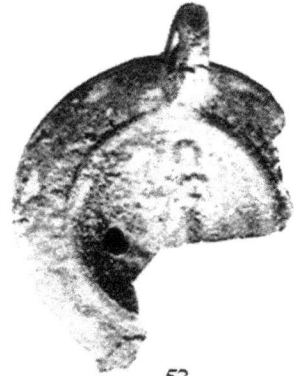

53

54

55

56

57

58

59

60

61

62

63

64

65

66

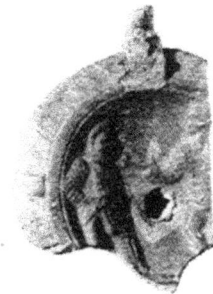

67

69

70

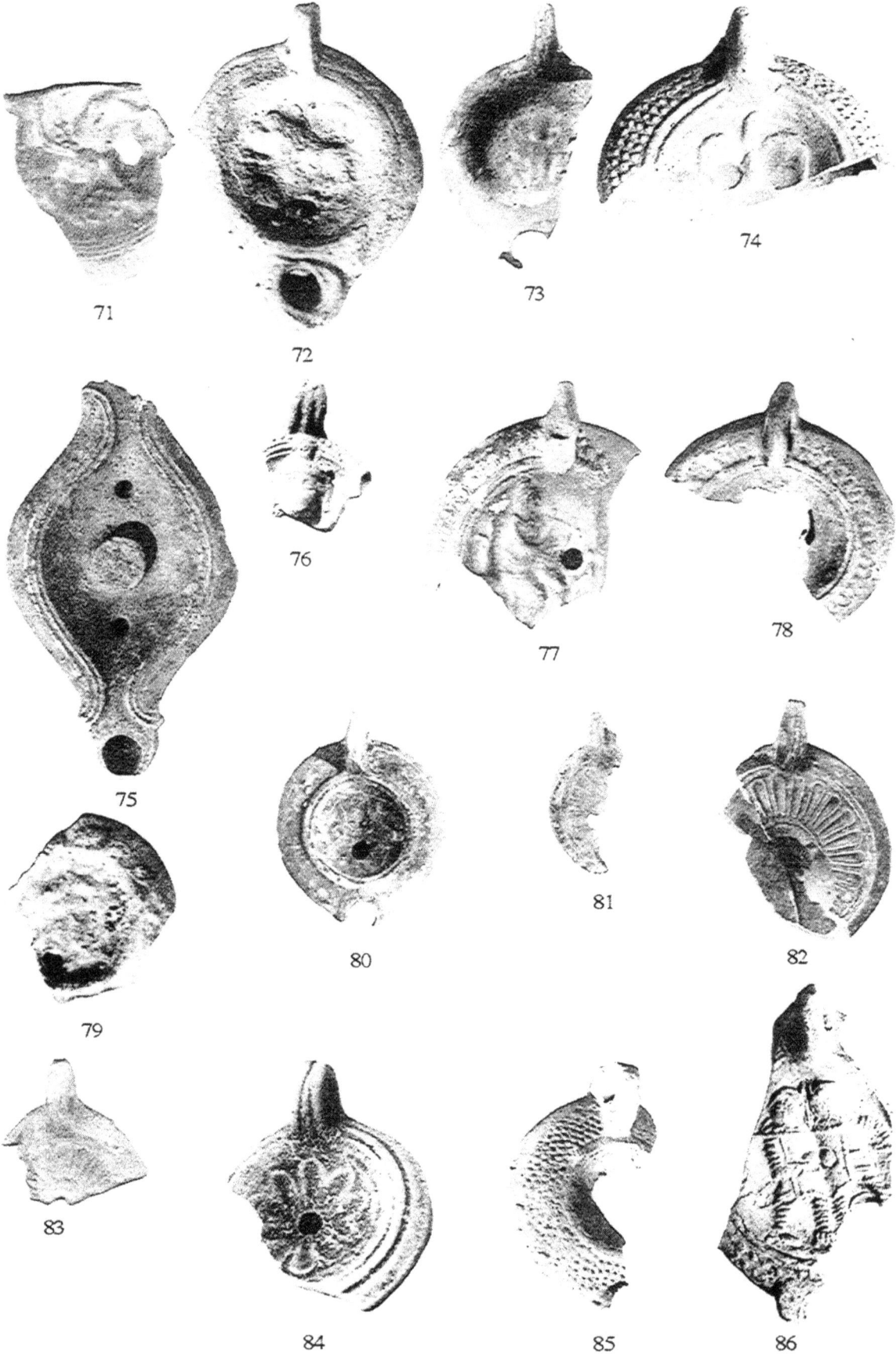

71

72

73

74

75

76

77

78

79

80

81

82

83

84

85

86

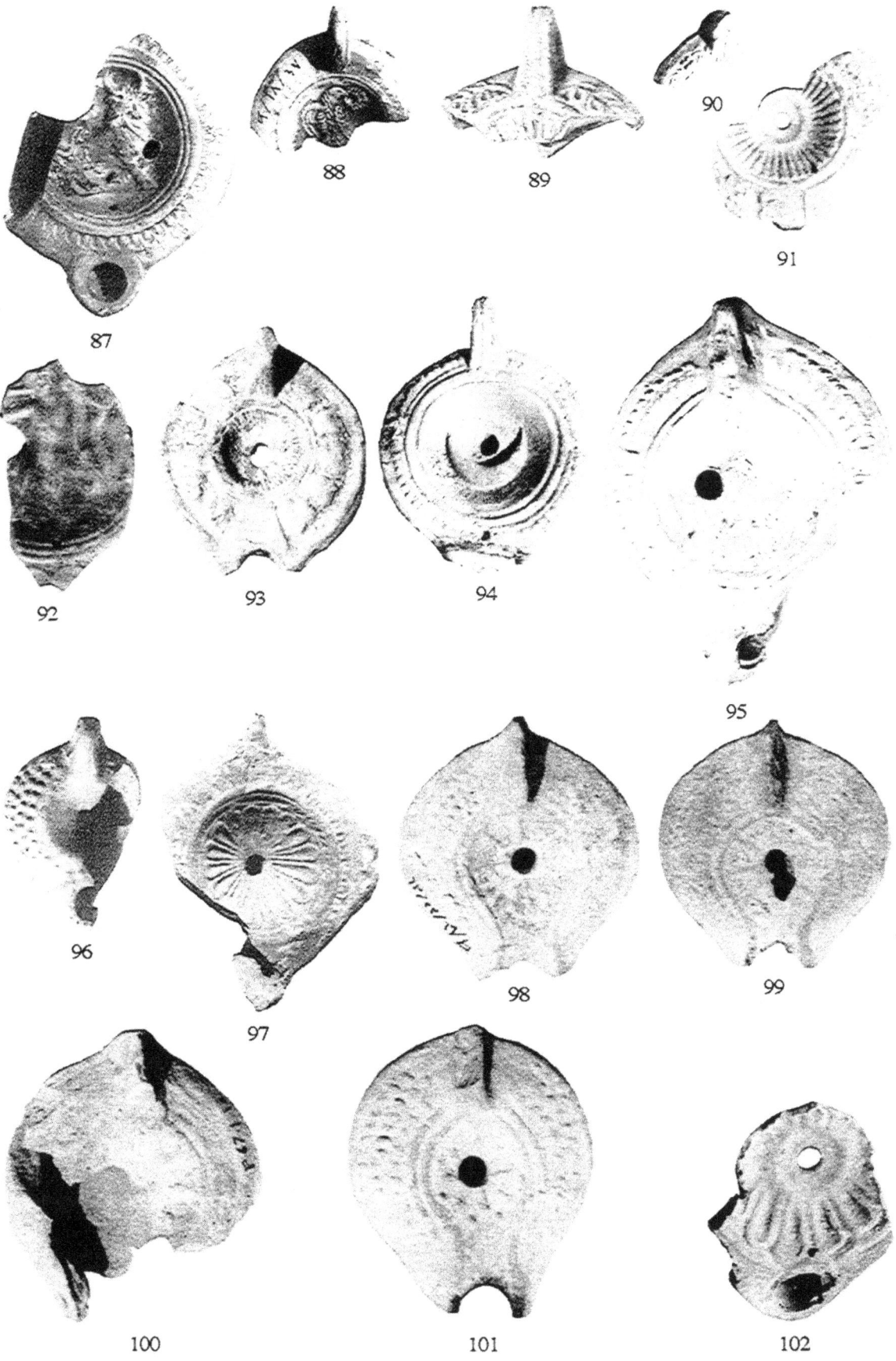

87

88

89

90

91

92

93

94

95

96

97

98

99

100

101

102

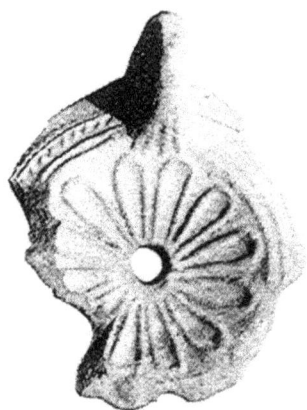

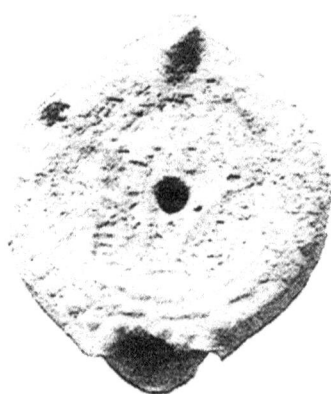

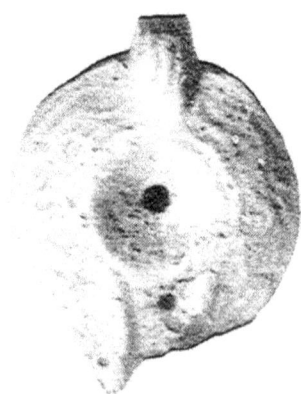

103

104

105

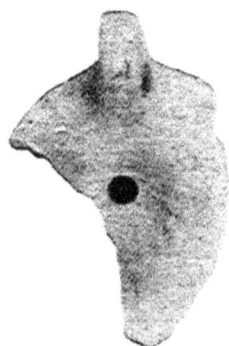

106

107

108

109

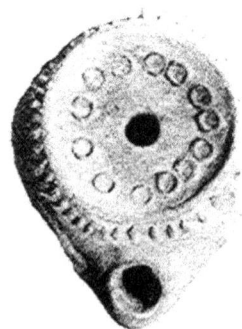

110

111

112

113

114

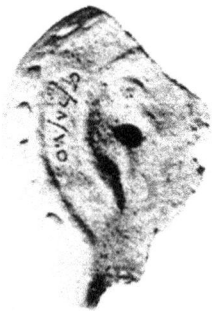

115

116

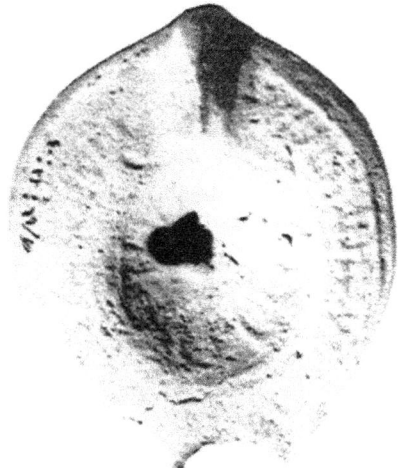

117

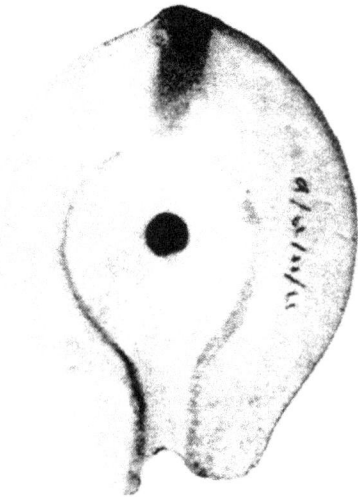

118

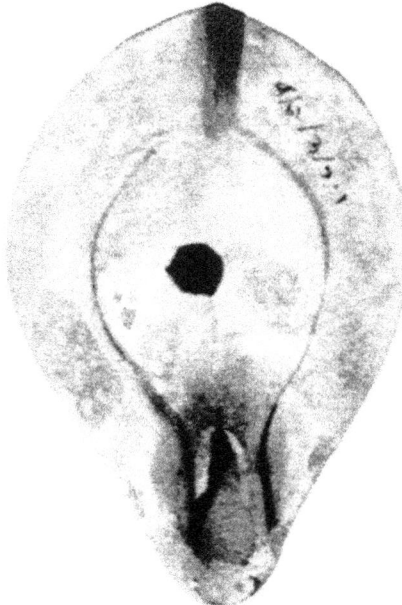

119

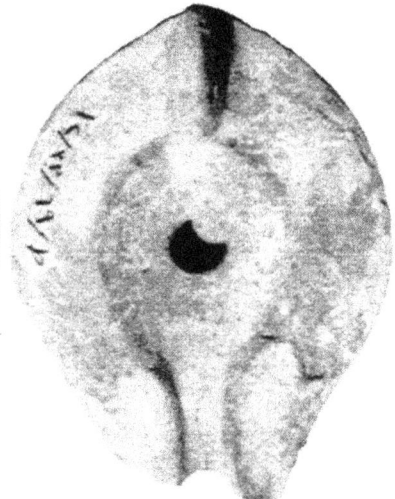

120

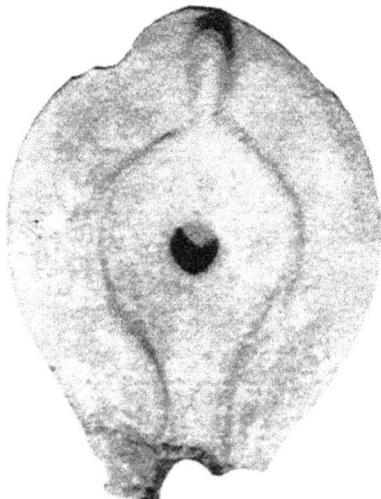

121

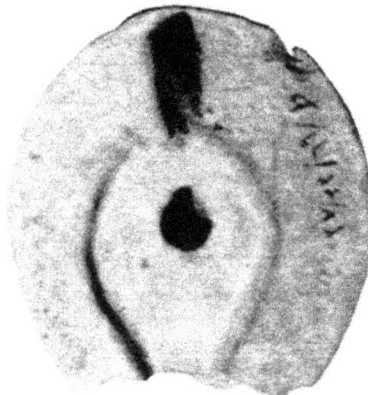

122

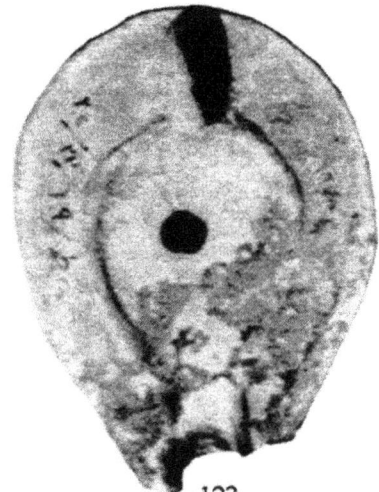

123

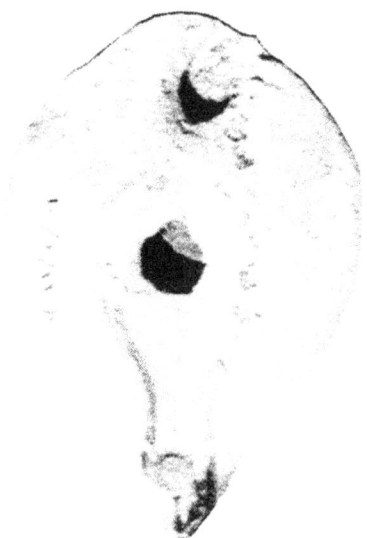

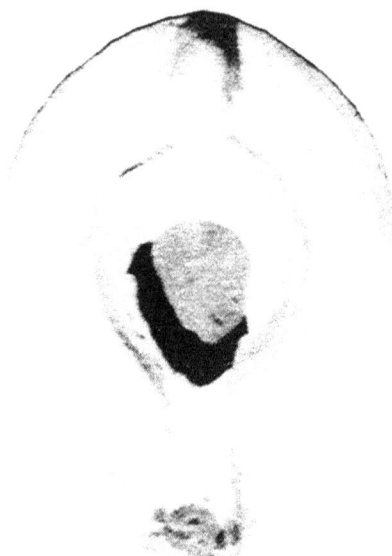

126

124

125

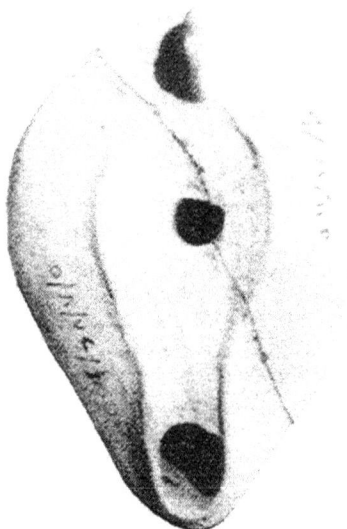

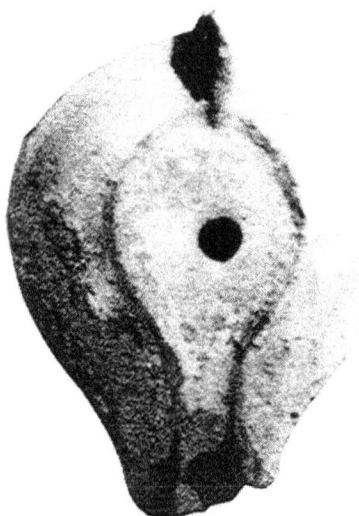

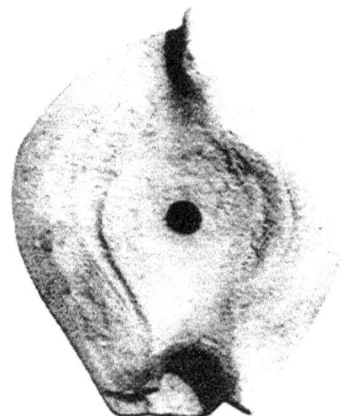

129

127

128

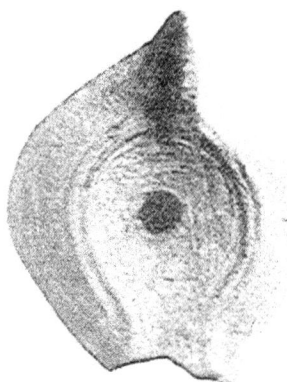

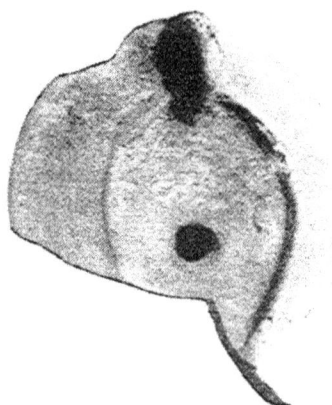

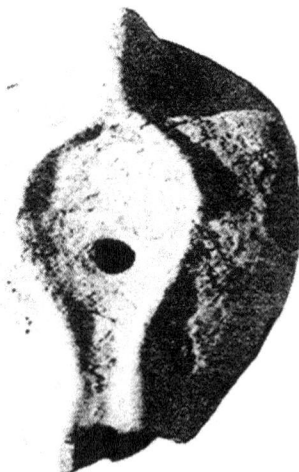

130

131

134

135

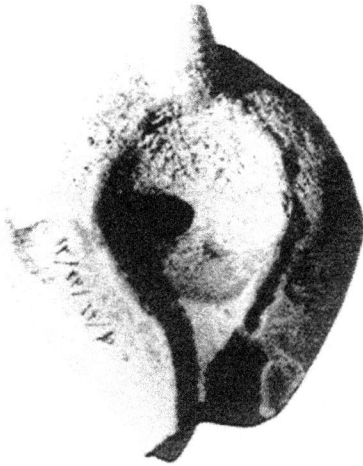

136

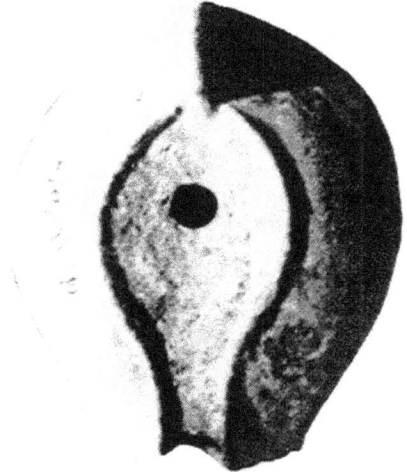

137

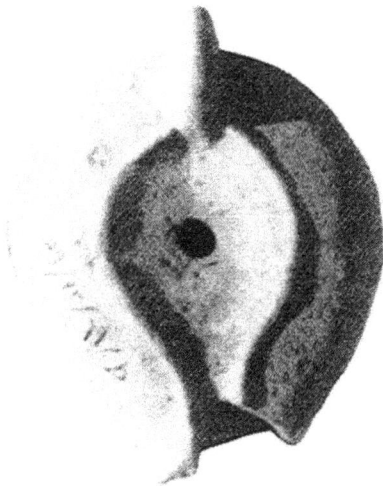

138

139

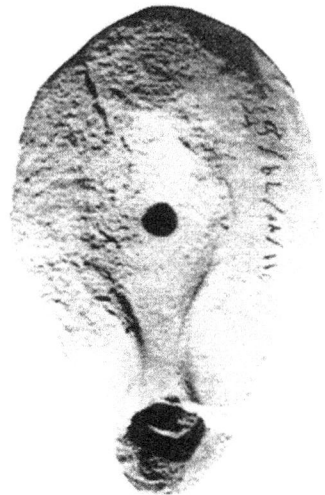

140

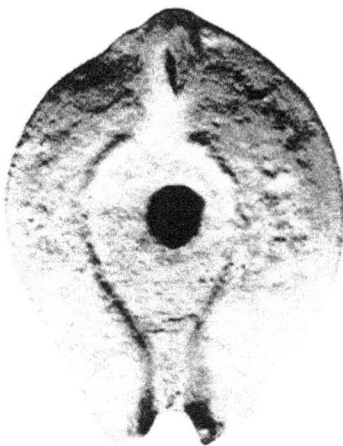

141

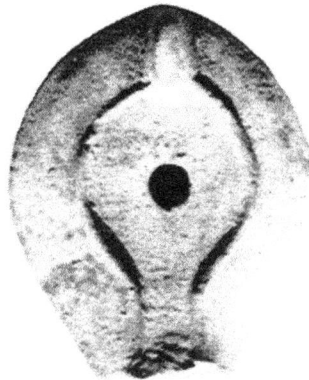

142

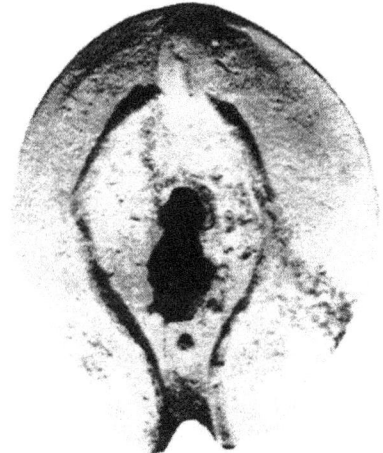

143

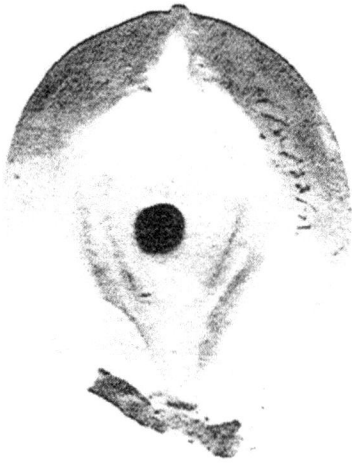
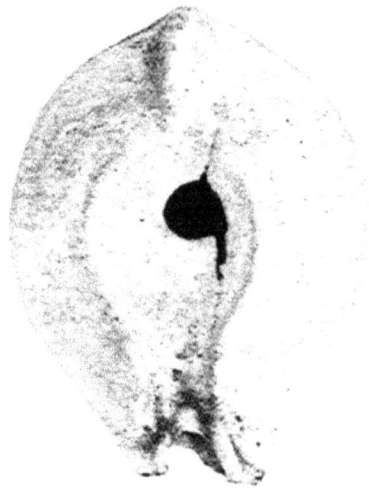
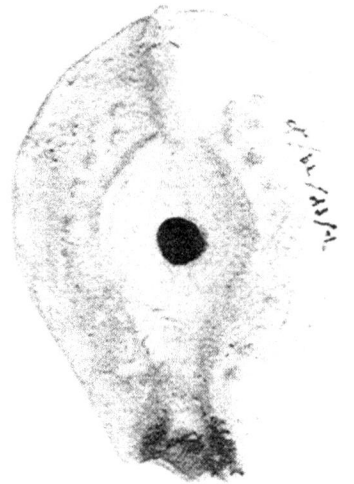

144 145 146

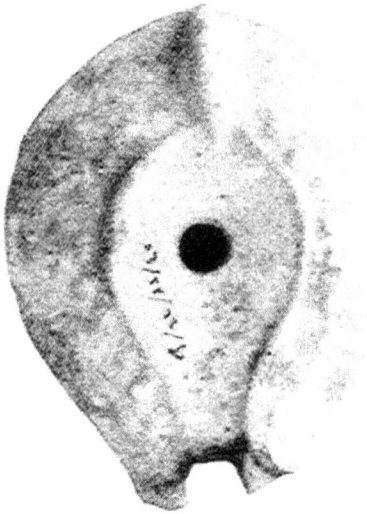
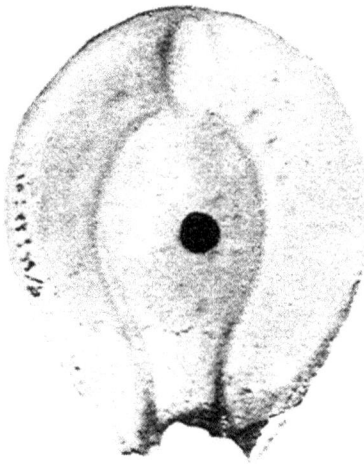
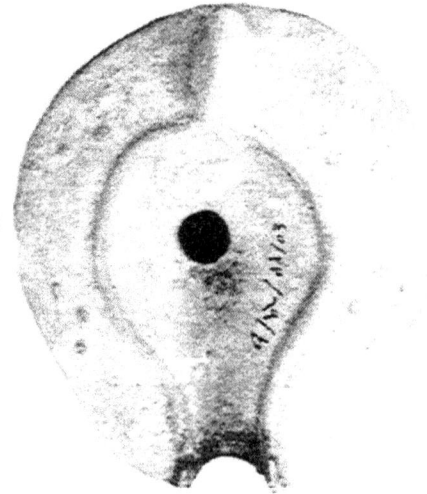

147 148 149

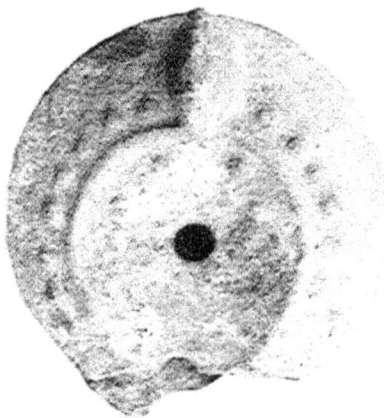
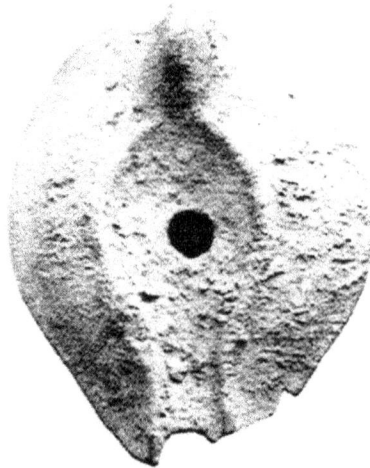
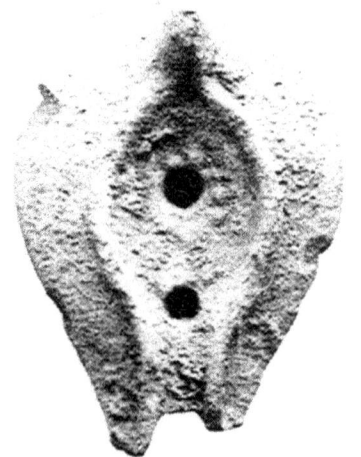

150 152 153

154

155

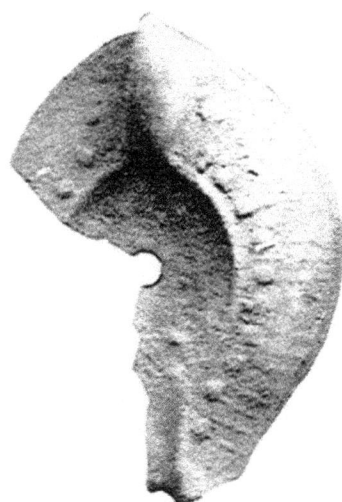

156

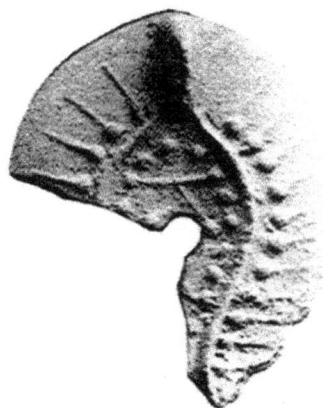

157

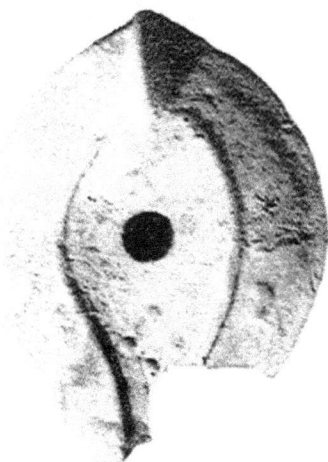

158

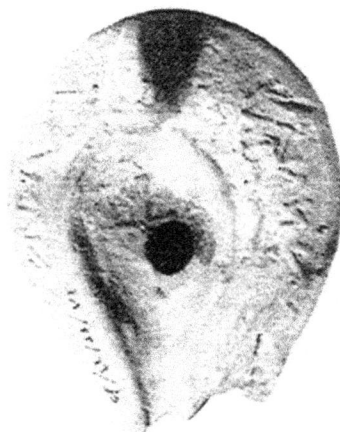

159

160

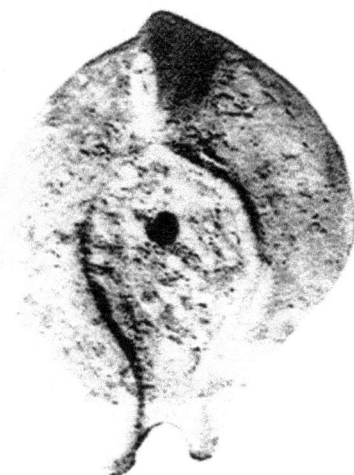

161

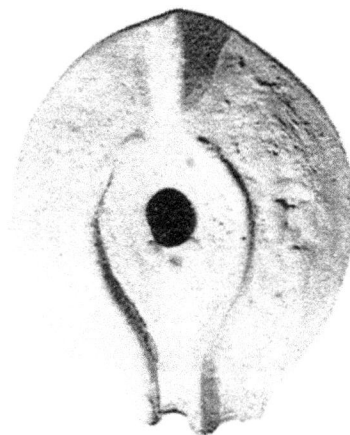

162

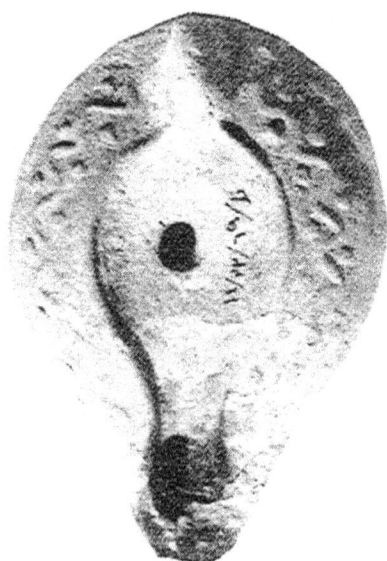

163

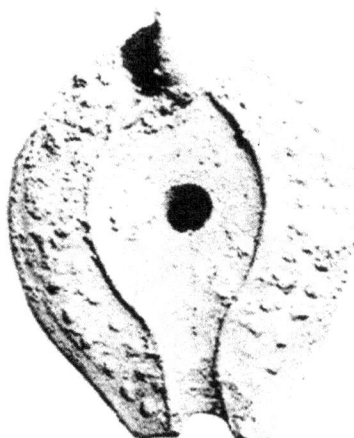

165

166

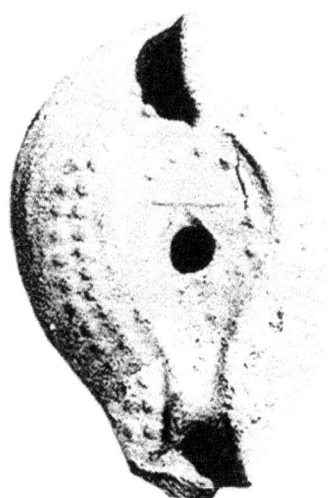

167

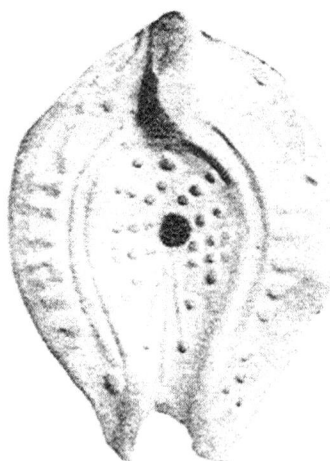

168

169

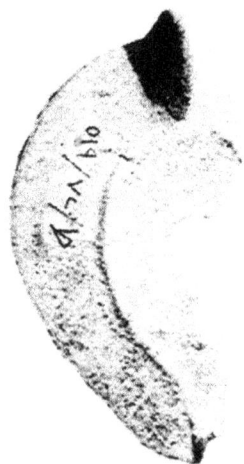

170

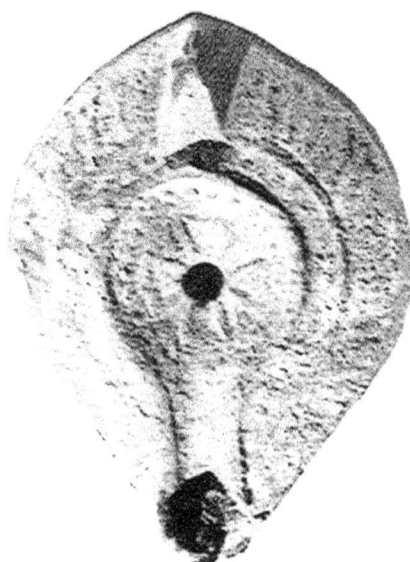

171

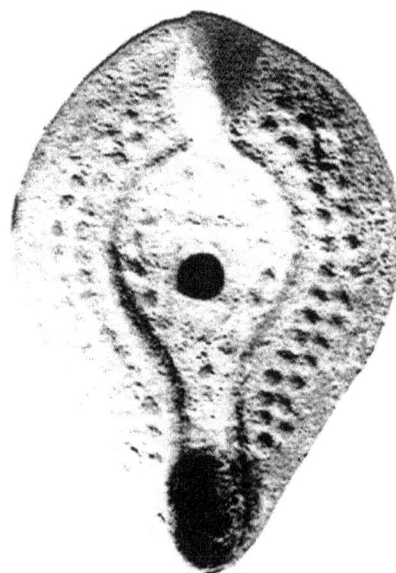

172

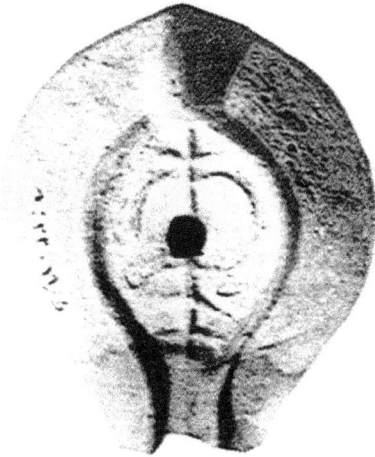

173

174

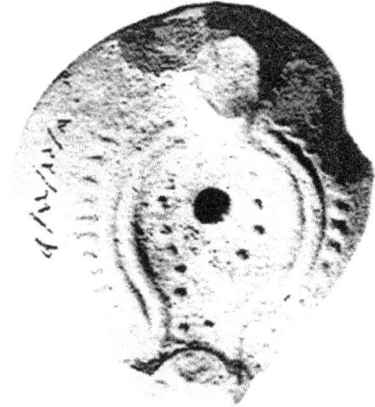

175

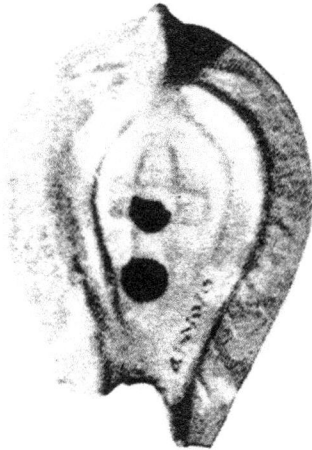

176

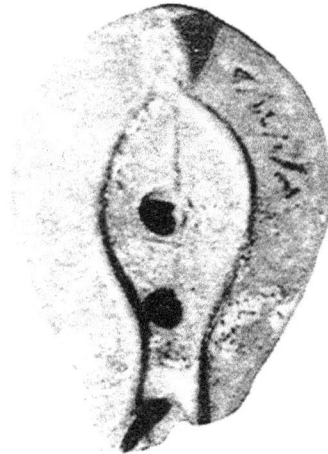

177

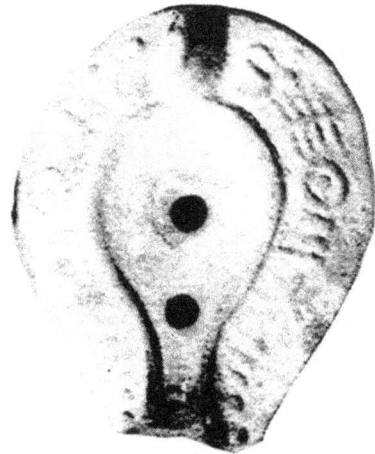

178

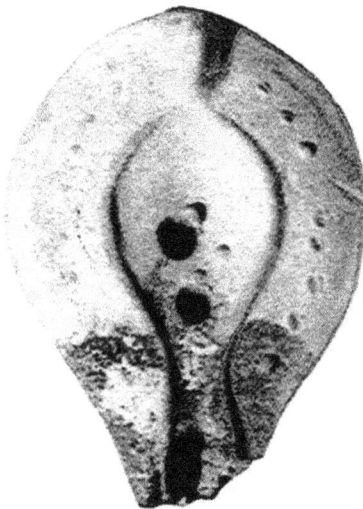

179

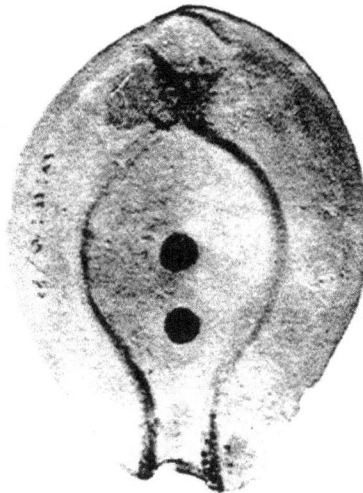

180

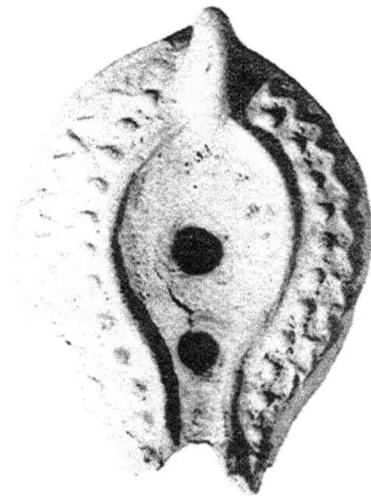

181

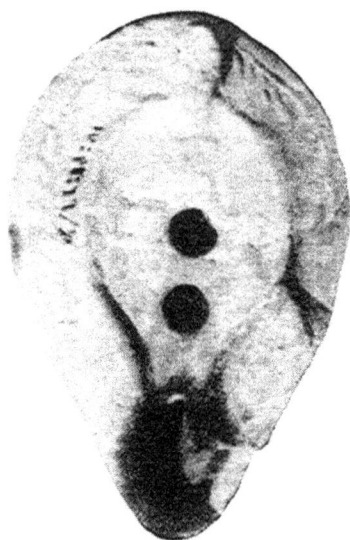

182

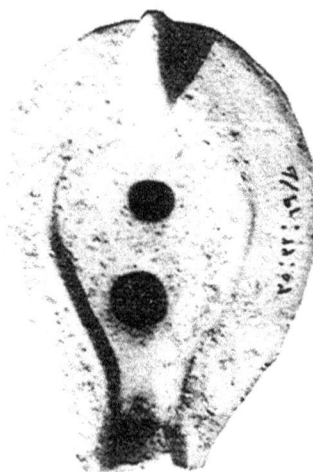

183

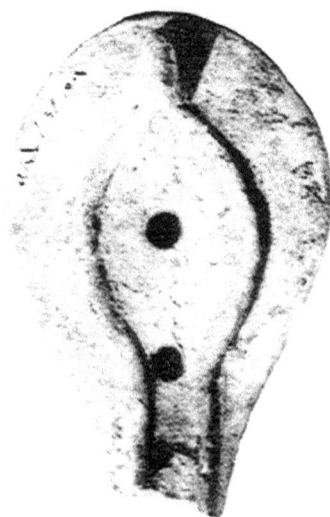

184

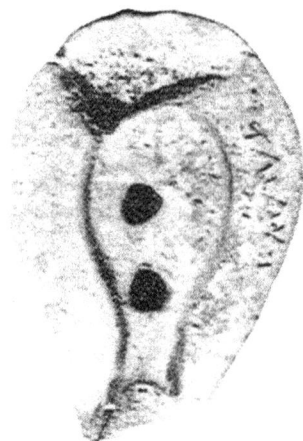

185

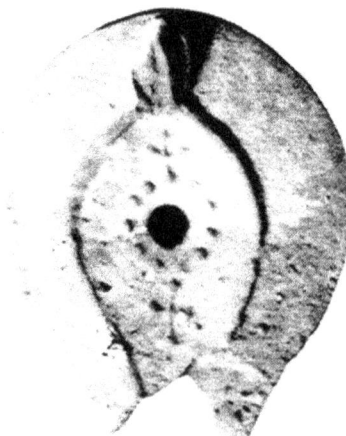

186

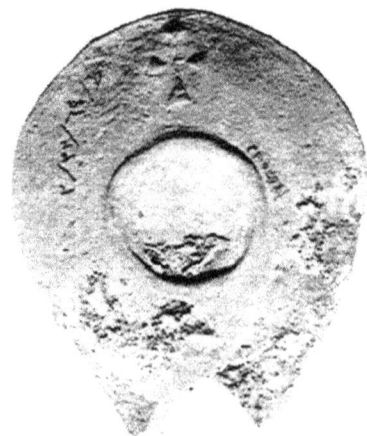

186 b

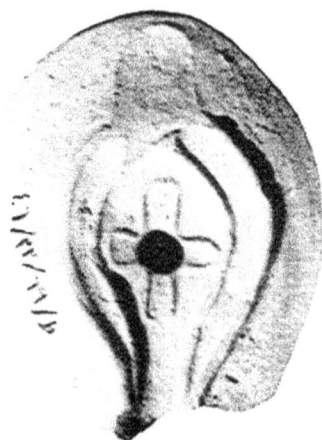

187

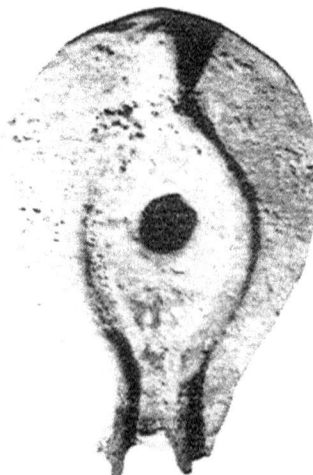

188

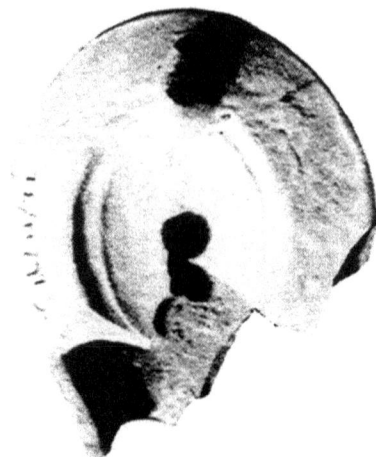

189

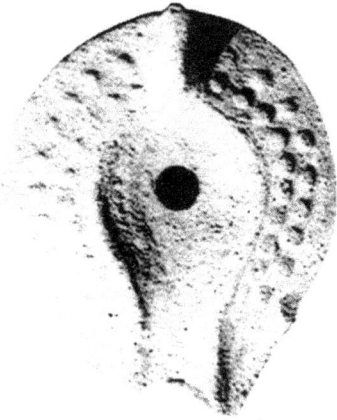

190

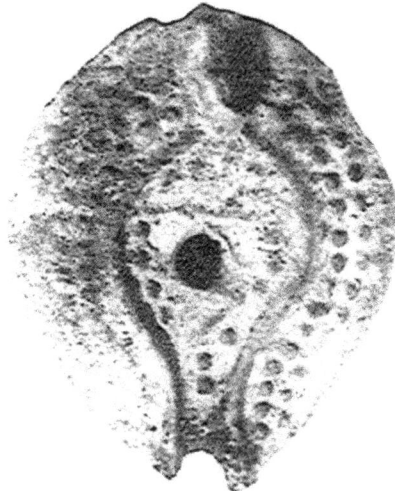

191

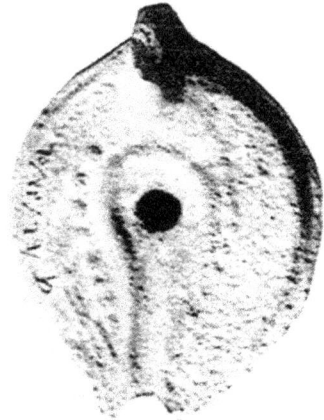

192

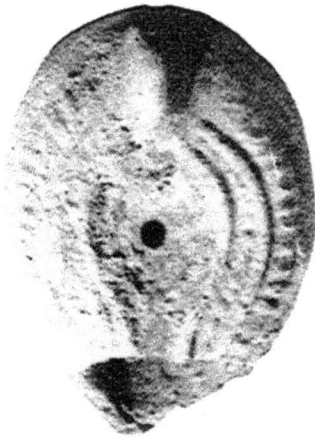

193

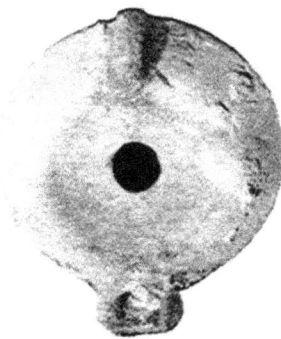

194

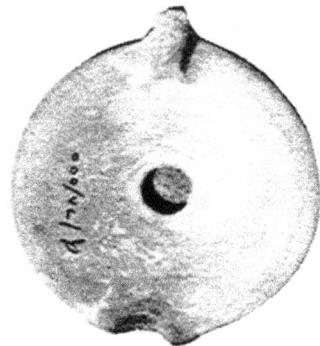

195

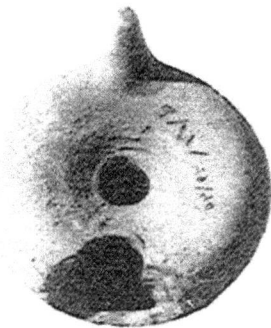

196

197

198

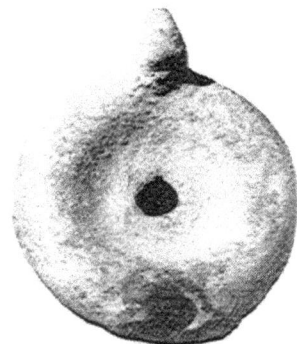

199

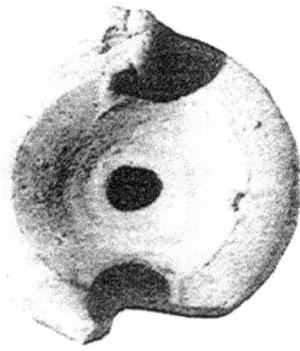

200

201

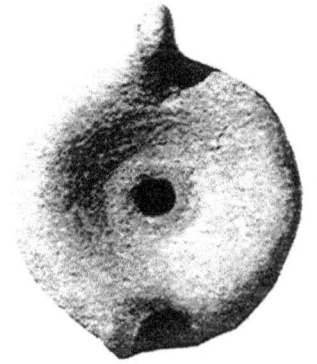

202

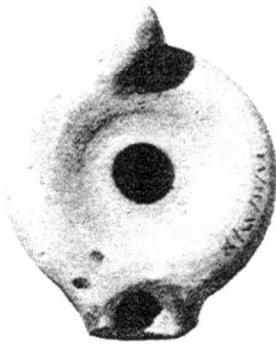

203

204

205

206

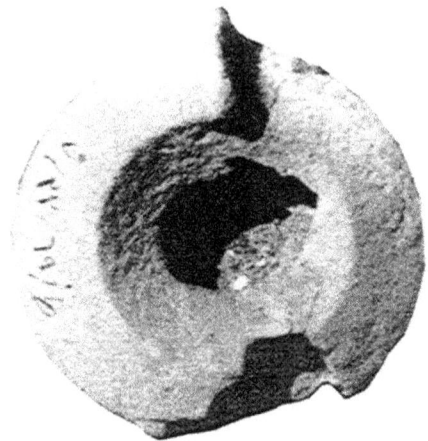

207

208

209

210

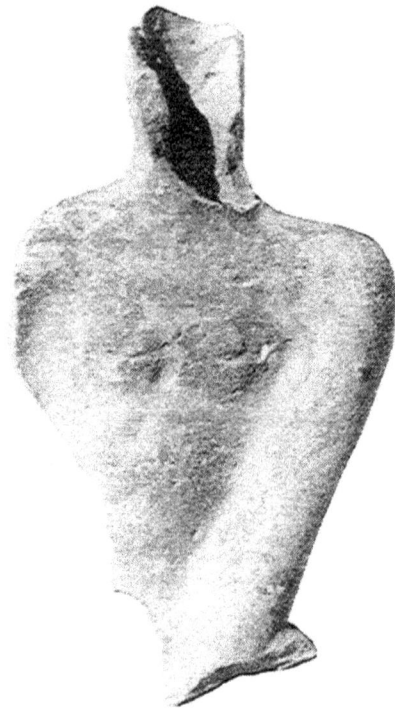

211

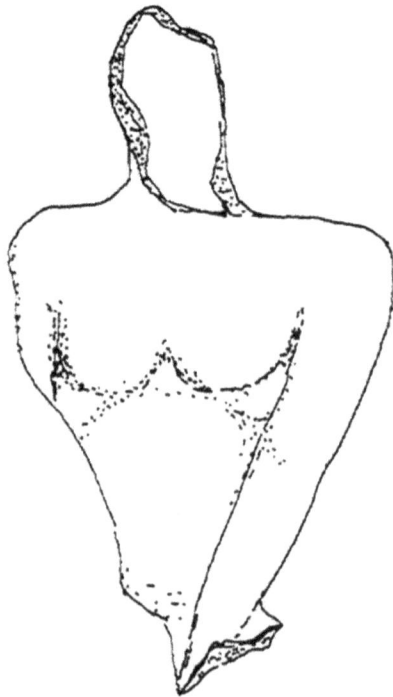

211 a

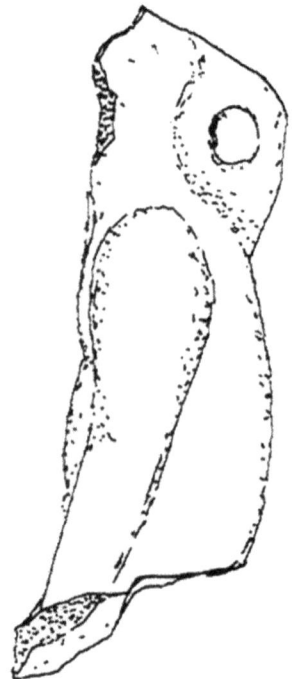

211 b

212

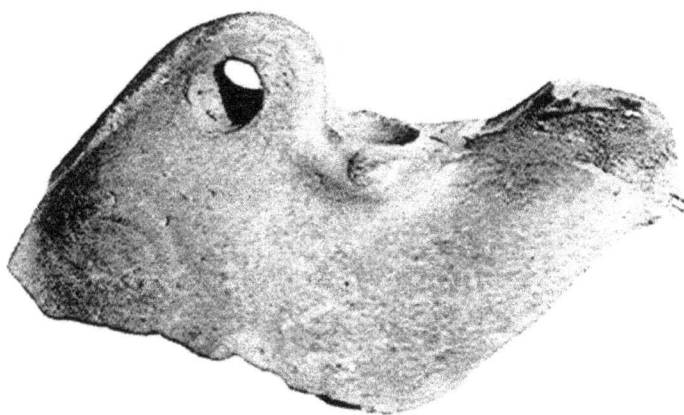

212 a

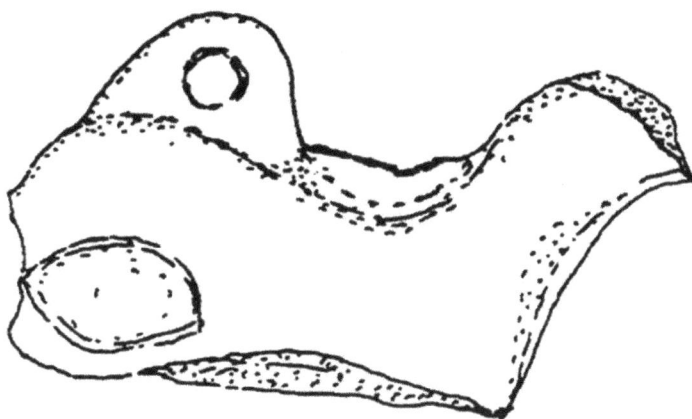

212 b

Bibliografia

F.Alvarez Ossorio, Lucernas o lamparas antiguas del Museo Arqueologico Nacional in Archivo Espanol de Arqueologia XV, 1942, pp.271-287

D.M.Bailey, Lamps in the Victoria and Albert Museum, Opuscula Atheniensia 6, 1945, pp.1-83, tavv.I-XI (cit. Bailey VA).

D.M.Bailey, A Catalogue of the lamps in the British Museum I, London 1975 (cit.Bailey I); II, 1980 (cit. Bailey II); III, 1988 (cit. Bailey III); IV,1996(cit.Bailey IV).

D.M.Bailey, New Acquisitions (1976-1979). Occasional Paper 22, British Museum 1981, pp.13-16, n.16, fig.27.

D.M.Bailey, Excavations at Sidi Krebish, Bengasi (Berenice), III,2. The lamps. LA Suppl.V, 1985, (cit. Sidi Krebish).

D.M.Bailey, The lamps of Sidi Khrebish, Benghazi (Berenice): Imported and Local Products, in Cyrenaica in Antiquity, BAR International Series 236, 1985, pp.195-204.

D.M.Bailey, Aegina, Aphaia Tempel XIV. The lamps, in AA 1991, pp.31-68.

D.M.Bailey, in T.Potter- A.C.King et alii, Excavations at Monte Gelato, London 1997, The lamps, pp.286-299.

E.Balestrazzi-de Filippo, Lucerne romane di età repubblicana ed imperiale (Museo di Aquileia II), Aquileia 1988.

M.Barbera-R.Petraggi, Le lucerne tardo antiche di produzione africana, Roma 1993.

M.L.Berhard, Lampki starozytne, Warsaw 1955.

L.Bernabò Brea-M.Cavalier, Meligunis Lipara II, La necropoli greca e romana della contrada Diana, Palermo 1965 (cit.Meligunis Lipara II).

J.Boardman-J.Hayes, Excavations at Tocra II, London 1973. (cit. Tocra II)

J.Brants, De Antieke Terra-cotta Lampen uit het Rijksmuseum van Oudheden te Leiden, Leiden 1913 (cit.Brants).

O.Broneer, Corinth IV,2, Terracotta lamps, Cambridge Mass. 1930 (cit. Broneer).

O.Broneer, Isthmia III, Terracotta Lamps, Princeton 1965 (cit.Broneer Isthmia).

Ph.Bruneau, Délos XXVI, Les lampes, Paris 1965 (cit. Bruneau Délos).

Ph.Bruneau, Lampes corinthiennes I, in BCH 95,1971,pp.437-501; II, in BCH 101, 1977, pp.249-295.

H.W.Catling-A.I.Dikigoropoulos, The Kornos Cave: an early byzantine site in Cyprus, in Levant II, 1970, pp.37-62.

H.W. e E.A.Catling, Knossos, from greek city to roman colony, London 1992 (cit.Catling Knossos).

M.Conticello De Spagnollis, Le lucerne di bronzo di Ercolano e Pompei, Roma 1988.

I.N.Coldstream, Knossos: The Sanctuary of Demeter, London 1973 (cit.Coldstream, Knossos).

P. De Palol Salellas, La colleccion de lucernas romanas de ceramica procedientes de Ampurias en el Museo Arqueologico de Gerona, in Memorias de los Museos Arqueologicos Provinciales IX-X, 1948-49, pp.233-265 (cit. De Pallol Salellas).

J.Deneauve, Lampes de Carthage, Paris 1969 (cit. Deneauve).

A.Ennabli, Lampes chrétiennes de Tunisie, Paris 1976 (cit.Ennabli).

E.Fabbricotti, Le lucerne antiche dell'antiquarium della Badia di Grottaferrata, in Bollettino della Badia di Grottaferrata XXIII, 1969.

K.S.Garnet, Late Roman Corinthian Lamps, in Hesperia 44, 1975, pp.195-199.

K.Goethart Polaschek, Katalog der roemischen Lampen des Rheinischen Landesmuseums Trier, Mainz am Rhein, 1985

H. Goldman-F.F.Jones, The "lamps" in Excavations at Goezlue Kule, Tarsus I, The hellenistic and roman period, Princeton 1950 (cit. Tarsus).

M.Graziani Abbiani, Lucerne fittili paleocristiane nell'Italia settentrionale, Bologna 1969.

M.Cristina Gualandi Genito, Lucerne fittili della Collezione del Museo Civico Archeologico di Bologna, Bologna 1977 (Gualandi Genito Bologna).

R.Haken, Roman Lamps in the Prague National Museum, Prague 1958 (cit.Haken).

J.W Hayes, Late Roman Pottery, London 1972.

J.W.Hayes, Ancient Lamps in the Royal Ontario Museum, Toronto 1980 (cit.Hayes Royal Ontario).

M.C.Hellman, Bibliothèque National, Lampes Antiques I, Paris 1985; II, 1987 (cit. Hellmann I o II).

H.Hellstroem, Labraunda II.1. Pottery of Classical and later date. Terracotta lamps and Glass, Lund 1965.

G.Heres, Der Werkstatt des Lampentoepfers Romanesis, in Forschungen und Berichte, Staatliche Museen zu Berlin X, 1968, p.185ss.

G.Heres, Die punischen und griechischen Tonlampen der Staatlichen Museen zu Berlin, Berlin 1969.

G.Heres, Die roemischen Bildlampen der Berliner Antiken Sammlung, Berlin 1972 (cit. Heres II).

J.Copland Thorn, Rowe's Cyrenaican Expedition, manoscritto 1993, cortesemente regalatomi dall'autore (cit.Thorn).

R.H.Howland, The Athenian Agora IV, Greek Lamps and their survivals, Princeton 1958 (cit.Howland).

D.Ivanyi, Die pannonischen Lampen: eine typologisch chronologisch Uebersicht, Budapest 1935 (cit. Ivanyi).

A.Karivieri, The Athenian lamp industry in late antiquity, Helsinki 1996.

C.H.Kraeling, Ptolemais, city of the Libyan Pentapolis, Chicago 1962 (cit.Kraeling).

E.Joly, Le lucerne del Museo di Sabratha, Roma 1974 (cit.Joly).

M.R.La Lomia, Lucerne fittili provenienti da un ipogeo cristiano di Sirte(Tripolitania), in Libya Antiqua VIII, 1971, pp.7-32 (cit.La Lomia).

A.Leibundgut, Die roemischen Lampen in der Schweiz, Bern 1972 (cit.Leibundgut).

L.Lerat, Catalogue des collections archéologiques de Besançon: I, Les lampes antiques, Paris 1954 (cit.Lerat).

G.Libertini, Il Museo Biscari, Milano-Roma 1950, pp.261-196, tavv.CXI-CXXX (cit.Libertini).

B.Lindros Wohl, A Depositr of Lamps from the Bath at Isthmia, in Hesperia L, 1981, pp.112-140.

S.Loeschcke, Lampen aus Vindonissa, Zurich 1919 (cit.Loeschcke).

H.Menzel, Antike Lampen in Roemisch-germanischen ZentralMuseum zu Mainz, Mainz 1969 (cit Menzel).

L.Mercando, Lucerne greche e romane dell'Antiquarium Comunale, Roma 1962.

L.Mercando, Lucerne romane del museo di Iraklion, in Antichità Cretesi: Studi in onore di Doro Levi, in Cronache di Archeologia 13, 1974, II, pp.235-239, tavv. XXXIV- XXXVIII (cit.Mercando Iraklion).

C.Moncini, Lucerne romane nelle collezioni del Museo teatrale della Scala, Milano 1980 (cit.Milano Scala).

T.Oziol, Salamine de Chypre VII, Les lampes du Musée de Chypre, Paris 1977 (cit.Oziol).

M.T.Paleani, Le lucerne paleocristiane (Monumenti Musei e Gallerie Pontificie), Roma 1993.

J.Perlszweig, The Athenian Agora VII, Lamps of the Roman Period, Princeton 1961 (cit.Perlszweig).

W.M.F.Petrie, Roman Eshnasya, London 1905.

M.Ponsich, Les lampes romaines en terrecuite de la Mauretanie Tingitane, Rabat 1961 (cit.Ponsich).

A-Provoost, Les lampes à recipient allongé trouvées dans les catacombes romaines. Essai de classification typologique, in Bull. de l'Institut Belge de Rome XLI, 1970, pp.17-55.

C.Rickman Fitch – N.Wynick Goldman, Cosa : the lamps, in MAAR XXXIX, 1994 (cit.Cosa).

R.Rosenthal-R.Sivan, Ancient Lamps in the Schloessinger Collection, in Qedam 8, 1978, pp.148-161 (cit.Qedem).

M.Sapelli, Lucerne fittili delle civiche raccolte archeologiche (Milano), in Notizie dal Chiostro del Monastero Maggiore, suppl.II, Milano 1979.

C.Skinkel Taupin, Lampes en terrecuite de la Méditerannée grecque et romaine, Bruxelles 1980.

T.Szentlelekey, Ancient lamps, Amsterdam 1969.

F.O.Waagé, Lamps in Antioch on the Orontes III, Princeton 1941, pp.55-82 (cit.Waagé Antioch III).

O.Waldhauer, Kaiserliche Ermitage: Die antiken Tonlampen, St.Petersburg 1914 (cit.Waldhauer).

H.B.Walters, Catalogue of the Greek and Roman Lamps in the British Museum, London 1914 (cit.Walters).

Ch.K.Williams, Corinth 1977, Forum Southwest, in Hesperia 47, 1978, p.38, n.31.
H.Williams, Kenchreai I, The lamps, Leiden 1981.

A.M.Woodward, The antiquities from Lanuvium, in PBSR XI, 1929, pp.117-128.

157

160

169

173

178

181

186

www.ingramcontent.com/pod-product-compliance
Lightning Source LLC
Chambersburg PA
CBHW061302270326
41932CB00029B/3438